季刊 考古学 第20号

特集 埴輪をめぐる古墳社会

- ●口絵(カラー) 津堂城山古墳の埴輪
  - 長瀬高浜遺跡の埴輪
  - 天王壇古墳の埴輪
- (モノクロ) 埴輪と小古墳
  - 埴輪の配置
  - 埴輪の再利用
  - 岡寺古墳の埴輪

埴輪の意義 ────────── 水野正好 (14)
埴輪を考える
　埴輪の出現 ────────── 橋本博文 (18)
　埴輪の配置 ────────── 水野正好 (23)
　埴輪による古墳の編年 ──── 川村紀子 (28)
　埴輪の再利用 ───────── 笠井敏光 (33)
　古墳時代の顕面 ─────── 伊藤　純 (38)
　埴輪と中・小規模古墳 ──── 桜井久之 (43)
　古墳をめぐる木製樹物 ──── 高野　学 (49)

埴輪点描
　津堂城山古墳の埴輪 ——————————— 天野末喜　(54)
　長瀬高浜遺跡の埴輪 ——————— 土井珠美・根鈴智津子　(57)
　天王壇古墳の埴輪 ——————————— 山崎義夫　(60)

地域の話題
　西九州地方の埴輪 ——————— 藤瀬禎博・蒲原宏行　(65)
　山陰地方の埴輪 ————————————— 真田廣幸　(68)
　関東地方の埴輪 ————————————— 橋本博文　(72)
　大津市発見の特殊器台型埴輪 ——— 丸山竜平・梶原大義　(78)

最近の発掘から
　弥生時代の大集落跡 愛知県朝日遺跡 ——————— 石黒立人　(85)
　6世紀～7世紀の群集墳 大津市穴太地区の古墳群 ——— 松浦俊和　(87)

連載講座 日本旧石器時代史
　5.ナイフ形石器文化期の石器 ——————— 岡村道雄　(89)

書評 ——————— (95)
論文展望 ——————— (98)
文献解題 ——————— (100)
学界動向 ——————— (103)

表紙デザイン・目次構成・カット
／サンクリエイト

津堂城山古墳全景
（南より撮影）

津堂城山古墳の埴輪

大阪府藤井寺市津堂の津堂城山古墳からは，家・盾・靫・衣蓋・さしば状など多種類の形象埴輪の出土が知られている。なかでも濠内墳丘から出土した3体の水鳥形埴輪は現在のところ，最大，最古の遺例に属し，往時の葬送観念を窺う重要な資料である。

構　成／天野末喜
写真提供／藤井寺市教育委員会

濠内墳丘の全景（中央は水鳥形埴輪の基台部）

復元された水鳥形埴輪（左から1, 2, 3号）

長瀬高浜遺跡の埴輪

鳥取県東伯郡羽合町長瀬の長瀬高浜遺跡の埴輪群は，その美しさ，尨大さもさることながら，本来古墳に樹てられるべき埴輪が古墳でない場所で，集中して大量に出土した点が最も注目される。同遺跡で確認された古墳には埴輪は樹たず，一部埴輪棺墓に利用されている。埴輪のあり方を考えるうえで重要な資料である。1986年，一括して国の重要文化財に指定された。

家・入母屋式（H2）
高さ69.1cm

家・寄棟式（H3）高さ69.6cm

家・切妻式（H4）高さ51.4cm

家・寄棟式（H5）推定高51cm

埴輪群出土状況（南より）

左上：鞆　長さ28cm
中下：盾　高さ約80cm
右上：甲冑　高さ約92cm
左下：埴輪群出土状況下層
　　　（東より）

構　成／土井珠美・根鈴智津子
写真提供／羽合町教育委員会
　　　　　鳥取県埋蔵文化財
　　　　　センター

蓋　総高約60cm　　円筒埴輪　高さ約60cm　　朝顔形埴輪　高さ大型80〜90cm

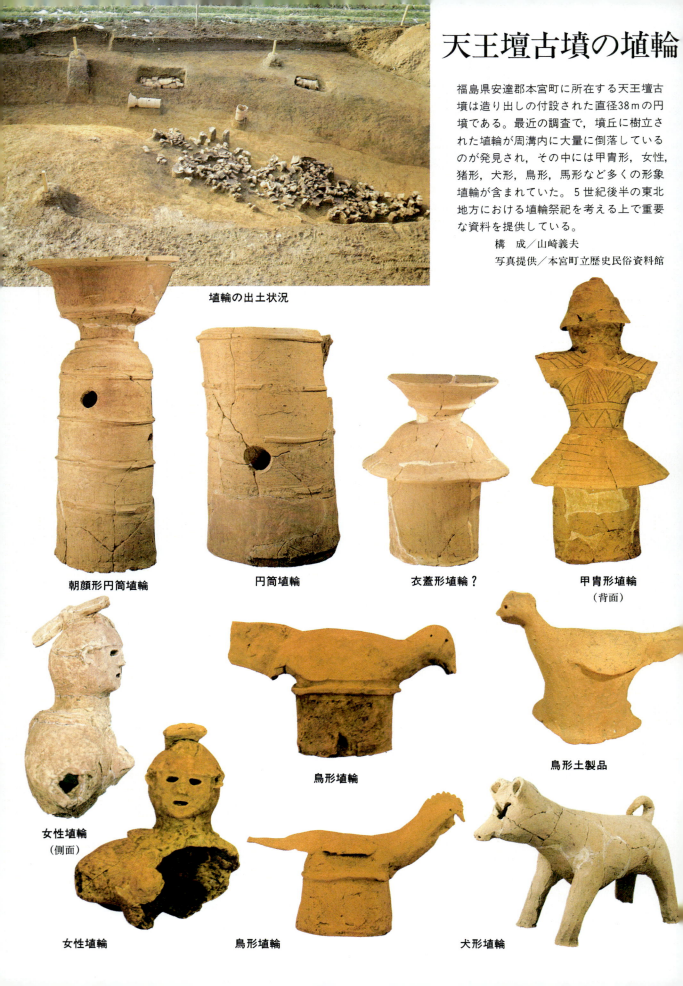

天王壇古墳の埴輪

福島県安達郡本宮町に所在する天王壇古墳は造り出しの付設された直径38mの円墳である。最近の調査で、墳丘に樹立された埴輪が周溝内に大量に倒落しているのが発見され、その中には甲冑形、女性、猪形、犬形、鳥形、馬形など多くの形象埴輪が含まれていた。5世紀後半の東北地方における埴輪祭祀を考える上で重要な資料を提供している。

構　成／山崎義夫
写真提供／本宮町立歴史民俗資料館

埴輪と小古墳

大阪市の長原古墳群には，4世紀末から6世紀中葉にかけての，約300基にのぼると予測される古墳がある。それらは中・小規模の古墳だけで構成されるが，大型で精緻な形象埴輪を伴うものが数多く見られる。こうした例は河内平野の調査の進行とともに増加して行くと思われ，このような古墳の被葬者像の検討は今後の重要な課題となろう。

　　構　成／桜井久之
　　写真提供／大阪市文化財協会

長原1期　一ヶ塚古墳（第85号墳）の家形埴輪・囲形埴輪（復原高20cm）

長原2期　第45号墳の鶏形埴輪と武人埴輪

武人埴輪には肩鎧・短甲・草摺の破片もあるが，手・足の表現はない。冑は眉庇付冑と思われる（鶏形頭部の残存高12.5cm，武人頭部の残存高16.3cm）。

長原3期　第87号墳の巫女形埴輪・鶏形埴輪・馬形埴輪（馬形の復原高75.8cm）

埴輪の配置

構成／水野正好

埴輪がどのように古墳に樹てられるか，その調査例は乏しいが，奈良県メスリ山古墳，岡山県金蔵山古墳はその典型例だろう。石室を囲む円筒埴輪などの方形区劃，その内部の方形壇，壇上の家形埴輪を中核に据え，蓋や翳，あるいは楯，靫形埴輪が連なる方形壇の姿は埴輪祭式の実際を語るものと言えるであろう。

奈良県メスリ山古墳後円部頂部の埴輪列（『メスリ山古墳』より）

岡山県金蔵山古墳後円部頂部の埴輪列（『金蔵山古墳』より）

埴輪の再利用

埴輪は本来，古墳に樹立されるものであるが，時には古墳以外から見つかることがある。棺・井戸・敷・室などへ古墳から抜きとって再利用されるのである。何人が何故にこのような一見ありそうにない行為を行なうのであろうか。

構　成／笠井敏光

▶埴輪敷
（奈良市狐塚2号横穴）
奈良市教育委員会提供

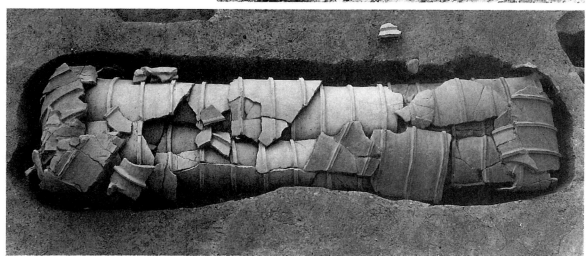

▲埴輪棺（羽曳野市茶山遺跡）
羽曳野市教育委員会提供

▲埴輪室（大阪府美原町真福寺遺跡）
㈶大阪文化財センター提供

▶埴輪井戸（大阪府美原町太井遺跡）
㈶大阪文化財センター提供

岡寺古墳の埴輪

鳥栖市岡寺古墳出土の埴輪は西北九州のみならず九州北部においても質量ともに群を抜いたものとなっている。範囲確認調査では円筒埴輪40個体分，形象埴輪21個体分が出土している。形象埴輪はすべてほぼ東西に軸をとる前方後円墳の北側くびれ部からの出土である。

構　成／藤瀬禎博
写真提供／鳥栖市教育委員会

円筒埴輪群

動物埴輪「馬」

動物埴輪「猪」

人物埴輪「武人」

人物埴輪「巫女」

動物埴輪「鶏」

季刊 考古学

特集

埴輪をめぐる古墳社会

特集●埴輪をめぐる古墳社会

埴輪の意義

奈良大学教授 水野正好
(みずの・まさよし)

|埴輪は「埴輪体系」とでも呼ぶべき体系的な祭儀を表現する。その祭儀は後世の践祚即位大嘗会と通ずる王者誕生の祭儀である|

　埴輪とは何か。いかなる意義を荷うものであるかと問う時，余りにも「埴輪」それ自体が研究されていないことに気付く。従前の研究は，このような種類の埴輪がある，それが古墳のこういった所に樹てられている，この種の埴輪はいつ出現し，いつ絶えていったのか，人物の埴輪はこうした風俗を示している，あるいはこの種の埴輪はこのように変遷していくといった点にわずかにこたえるにとどまっている。最近ではどこで作られた埴輪がどの古墳に樹てられているといった新しい視座も拓けて来たが，なお「埴輪」それ自体は暗冥の世界にとりのこされているとの観がつよい。ここでは，そうした点をふまえて，2，3の視点から埴輪を問うことにしたい。

1　埴輪はいつ古墳に樹てられるのか

　単純な問いであるが，その回答は極めて難しい。前期の前方後円墳で埴輪の樹立例を検討すると，後円部頂上に設けられた円筒埴輪などからなる方形区劃＝方壇の中には楯・甲冑，靫・太刀・衣笠(きぬがさ)・刺羽(さしば)，各種の建物よりなる屋敷形埴輪が一定のきまりをもって配置されていることに気付く。これらの埴輪はいずれも死者を後円部竪穴式石室（粘土槨）に埋葬し，天井石を架け厚く堅固に覆土した上に方壇を築き，そこに樹立している事実が知られている（16頁図参照）。

　したがって死者を埋葬し終わって後円部が旧状に復したのちに方壇造成，埴輪配置という過程のあったことが知られるのである。翻って考えて見ると，死者は先に造営されていた前方後円墳の後円部頂上に，大きく掘方を設け，内に埋葬施設たる竪穴式石室（粘土槨）を造り，棺内に副葬品や各種の鎮めの品をおく中で葬られ，棺蓋を覆い，厳重にその合せ目を粘土でつめ，棺蓋上や側辺に多量の武具・工具・農具など鎮めの品をそえ，また楯などを覆せるといった一連の祭儀が展開している。石室天井石を架ける際の祭儀をも経て完全に埋め戻されるのである。

　このように埋葬に当ってはその都度の次第に従って祭儀が執り行なわれているのであるが，それらの祭儀が「埴輪」と係わり合うかと見られる事実はほとんどないのである。こうした祭儀に埴輪を用いることもないし，こうした祭儀を形象化して埴輪として表現したとも考えられないのである。埋葬が終了し墳丘が旧に復した段階をまって一つの祭式が実修されている。後円部頂上に木炭が，あるいは砂が一面に敷きつめられ，時に土器などが据えられているといったケースがある。炭や砂は墳丘上を浄化し聖化する手続きであろうし，土器はこの墳丘上で祭儀が実修されたことを物語っている。

　この祭儀とは何であろうか。死者の弔い上げの祭儀とすることも可能であろう。こうした祭儀の後，方壇がきずかれ，その周縁に円筒埴輪列が連なり，内に数々の器財・屋敷形埴輪が配置されるのである。したがって後円部頂部方壇の性格，埴輪の性格は葬者の儀礼が終了してのち行なわれる祭儀に係わると見てよいであろう。ただ，方壇はすべてその主軸を竪穴式石室の主軸に合致させており，多くの場合は竪穴式石室の位置を熟知する

14

形で方壇造成・埴輪配置がなされていることを知りうるのである。あくまでも死者とは切りはなせない形での造成・配置であることが窺えるのである。換言すれば，死者の葬儀が完了したのち，死者の宿りの上に位置をよく見定め方壇が築かれ埴輪群の配置となるのである。したがって方壇や埴輪群は死者の表象ともなるべき一面をもつ存在と言うことができるであろう。とすれば，同様の種類の埴輪で構成され，後円部と対の構造にある前方部先端の方壇の埴輪群も，後円部頂部埴輪群と同時の配置，換言すれば死者の葬祭の果てた後の配置と考えることが許されるであろう。

　そこで問題となるのは，前方後円墳の段築テラス縁に並べ樹てられる円筒埴輪列の樹立時期である。各地の展示では前方後円墳築造時に円筒埴輪の樹立工事が並行して行なわれている様を描くケースがしばしば見られるがいかがであろうか。段築の円筒埴輪列が墳丘築造時の樹立であるか，後円部頂部の埴輪群同様，埋葬完了後の樹立であるのかは従前さほど問題にされていない。最近各地の古墳周濠内の調査で衣笠形，楯形木製品の発見が相ついでいるが，段築テラス上に円筒埴輪などとは別に月穴が並ぶ例もあり，この種木製品の存在が配慮されはじめている。仮りに墳丘築造と同時に木製品の樹立があり，葬祭完了後，代わって円筒埴輪列が誕生する経緯も想像されるとすれば，死者をめぐる葬祭の完了後，後円頂部埴輪群，前方部頂部埴輪群と同時に一斉に円筒埴輪列が各段築テラスに登場すると考えてよいであろう。

　鳥取県長瀬高浜遺跡埴輪群は「後円（前方）部埴輪群」を保管する遺構——一種の竪穴状遺構——中に残し古墳へ搬出しなかった例示と考えるが，この場合も一斉に円筒埴輪列を設け，最後に後円部頂部へ運ぶ予定が何らかの支障あって搬出せずに終わったとすることも可能である。このように見てくると大規模な前方後円墳の場合，生前に営造する「寿陵」例が多いであろうが，埴輪世界に関するかぎり，人物・動物埴輪をも含め，死者の埋葬儀礼がすべて完了した後，一斉に墳丘全体に各埴輪が配置されていくケースが一般的であったと説くことができるであろう。

2　埴輪はなぜ「形象」化されるのか

　埴輪世界の中で中核となる埴輪は，後円部方壇の中心に配置される屋敷形埴輪である。主屋・副屋・納屋・倉・炊屋といった各種の建物を整えての配置は他の埴輪と異なるところ，よくこの屋敷形埴輪の重要性を物語るのである。ところで，後円部頂部の数多い事例の中で後円部頂部に現実の家屋の遺構を検出したとする報告はいまだ著聞しない。このことは後円部に建物は元来見られないが，埋葬終了後，この地に屋敷形埴輪を配置するということであり，恐らく現実の集落なり都邑に存在する屋敷を後円部に形象化して配置することを意味している。棟に瑞鳥をとめ，庭に犬や猪（豚），鶏が遊ぶ様を表現する屋敷形埴輪も多いだけに現世の屋敷を後円部に引き写すことが願われているのである。屋敷形埴輪には屋敷形埴輪としての機能が与えられているのであり，後円部で実修された埋葬の祭儀とは別個のものと考えてよいであろう。

　同様のことは後円部方壇の楯・甲冑，靫・太刀，衣笠・刺羽といった器財埴輪にも言えるであろう。この種の器財は屋敷形埴輪がもつ聖心の聖性を護持・表示する機能をもって埴輪化されているのであり，屋敷形埴輪と係わり合う中で埴輪として形象化されているのである。後円部に楯や甲冑，靫や太刀，衣笠や刺羽が置かれていたから形象化され埴輪として誕生したというものではないのである。このように見てくると，円筒埴輪をも含め，埴輪世界は「埴輪」として一つの整然たる体系をもって一つの目的で息づくものとして形象化され，埴輪世界を成立させていることが判然としてくるのである。古墳で実修された祭儀を直接形象化するのではなく，「埴輪体系」と呼ぶべき埴輪世界全体が絡む祭儀の表現，形象化であることがわかるのである。

　こうしたことは人物・動物埴輪の世界にも該当する。群馬県保渡田八幡塚古墳の人物・動物埴輪群は外堤の一劃を区劃して並べられている。中央に酒宴する男女各2躯が対座し，その高貴さを遺憾なく表現している。男子坐像の背後には文人・武人群が，また女子坐像の背後には女嬬群をとりまき馬飼人と馬，水鳥と鶏（鳥飼人），鷹飼人と猪飼人がそれぞれの職掌を採物，引物で標示するかのように登場している。まさに貴紳のもとにある各職掌がそれぞれの職のシンボルを携え索いてこの場に集まり，宴ひらく貴紳にあたかも忠誠を語るかのように居並ぶ様を表現しているのである。人物埴輪・動物埴輪が登場してくる以前，前方後

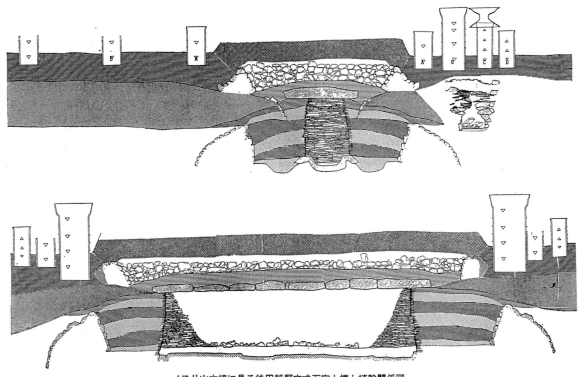

メスリ山古墳に見る後円部竪穴式石室と壇と埴輪関係図
（奈良県立橿原考古学研究所編『メスリ山古墳』1977 より）

円墳の墳丘上や外堤に祭儀に臨む人影を見ることはしばしばあったと思料されるが，こうした人々の姿は形象化されず，またそうした祭儀の舞台であったと考えられる墳丘内には古い段階では人物・動物埴輪の存在は見られないのである。「酒宴」といった情景が外堤なり別区に限定されて登場してくる事実はこうした埴輪群が現実の古墳での祭儀を写して形象化されるのではなく，「埴輪体系」といった一つの目的ある体系の中で，他の埴輪との関係も勘案される中で場を定められて形象化され，埴輪として登場してくるものであることを物語っているのである。

このように見てくると埴輪は，その配置されている現実の古墳での埋葬の祭儀―葬祭とは相関せず，別個の「埴輪体系」とでもよぶべき一つの祭儀を形象化し，前方後円墳なり円墳，方墳といった各種の古墳に配置されていることが理解されるのである。

3 「埴輪体系」とはいかなるものか

のべて来た「埴輪体系」を把握・理解するために必要なのは，前方後円墳の構造との関連を明らかにする作業である。前方後円墳は多くは周濠をめぐらし，外域に外堤をまわす。濠内の前方後円墳は3段築成で高く，後円部，前方部が持ち上げられている。古式の前方後円墳は後円部が一段と高く作られ，前方部におりたつために斜面を緩傾斜する階―斜道を設け，やがて通路部をへて前方部先端の高みに達するといった頂部の構造をもっているのである。決して後円部・前方部といった2つの構造で構成されるのではなく，後円部―（階路・通路）―前方部といった3構造で構成されているのである。後円部と前方部という2極を結ぶものとして通路が長く設定されているのである。後円部は死者埋葬の空間である。本来ならば死者を葬るには円墳なり方墳を築き，前面に墓前祭を営む空間を設定すればよいのであり，帆立貝式古墳などはそうした発想をうけて誕生するものであると見てよいであろう。

ところが，前方後円墳では長い通路を介して遠く隔てた地に前方部が設計されているのである。二極間の往来がそこには強くイメージされているのである。地上より高く3段築成で持ち上げられたこうした構造の理解に最も適切な史料は『日本書紀』天孫降臨条であろう。

干時高皇産霊尊以真床覆衾覆於皇孫天津彦彦火

瓊瓊杵尊使降之，皇孫乃離天磐座，且排分天八
重雲，稜威之道別道別而天降於日向襲之高千穂
峯矣……寛行去到於吾田長屋笠狹之碕矣……
と記す記叙がそれである。天孫天津彦彦火瓊瓊
杵尊は高天原の高皇産霊尊の指示で真床覆衾に身
を包み，高天原の天磐座を離れ天之八重雲をおし
分け稜威の道を道別けしつつ日向高千穂峯に降
臨，やがて人界に出，笠狹之碕に到り，この地で
鹿葦津姫と婚を結び三子を得るとする内容であ
る。高天原に該当するのは後円部頂部，稜威の道
を道別きに別けて下るその過程は前方部へ至る斜
路を含む通路が該当する。また天孫が降りたつ高
千穂峯は前方部にあてることができるであろう。
そうした目で見ると，天孫の降臨を指示した高皇
産霊尊は後円部に埋葬された死者に，また降臨す
る高皇産霊尊の体現者―王権を高天原から伝える
瓊瓊杵尊に死者のもつ霊を継承し王位につかんと
する新しき王者をあてることができるであろう。
前方後円墳の構造はこのように天孫降臨神話の構
造と見事に重なるのである。神話の現実世界は前
方後円墳であり，前方後円墳を彩る論理は神話世
界にこれをうけているのである。王権の継受を語
れば天孫降臨神話となり，その場を求めれば前方
後円墳となるのである。

　前方後円墳は王権継承の神話空間であるとする
所見が導かれると，ここに神話の背景となった祭
儀，神話に支えられた祭儀が姿を現わすこととな
る。その祭儀を朝廷では「践祚・即位・大嘗会」
とよび，深秘の秘事として実修しているのであ
る。いまこの秘儀を前方後円墳の構造に帰して考
えるならば，践祚は皇霊の継承を意味し高天原で
高皇産霊尊から瓊瓊杵尊が皇位をうける――現実
には詔と三種神器を授かることであるが，そうし
た空間として後円部での秘儀が考えられるであろ
う。即位は皇位につくこと，そのことを宣するこ
とである。前方部先端こそその空間であり，地上
の最高所高千穂峯への降臨と重なる秘儀の空間で
もあると言えよう。一方，降臨後，天孫は笠狹之
碕に到り婚を結ぶが，この事実は人界に出，人界
の王者として妻を娶ることを示すもの，前方後円
墳の外堤はその笠狹之碕であり，そこに見られる
別区や区劃はまさに人界に王者として臨む新王を
寿き，それぞれが忠誠を誓い婚儀―立后が行なわ
れる大嘗会，そうした人界の象徴的空間と見做さ
れるのである。

　前方後円墳の構造は，後円部を践祚，前方部を
即位，外堤（別区）を大嘗会空間とすることでそ
の性格が把握される。とすれば，これを埴輪世界
に転置すれば，「埴輪体系」はそのもつ本質を露
わに語りはじめることになるであろう。高天原に
神鎮まります高皇産霊尊の屋敷（王権の根源）を形
象化したものが後円部の屋敷形埴輪であり，王権
の継承秘儀を語り形象化したものが衣笠や楯形埴
輪群に他ならないのである。瓊瓊杵尊の天降りた
つ高千穂峯を具体化するのは前方部であり，即位
を宣する方壇を設け，時に瓊瓊杵尊の屋敷や即位
の秘儀を語り形象化するものとして時に配置され
る屋敷形埴輪や他の器財埴輪がここに見られるの
である。高天原と高千穂峯は共に天界・地界であ
り，人界から遙かに隔絶した聖なる空間である。
それだけに天孫降臨神話を具象化した前方部・後
円部は周濠で隔てられ，３段築成で高く人界から
隔離される形をとるのである。

　本来前方後円墳はこうした降臨―王権継承―践
祚即位の表現として存在したのであるが，中期に
なると大嘗会空間が誕生してくる。人界の王者と
して各職掌から服属の証を得，さらに皇后をたて
るといった一連の祭儀が埴輪として形象化される
のである。大嘗会の本義を語る埴輪の形象であ
り，その配置される別区や外堤もこうした神話，
祭儀を具体的に示す空間として特別に切り出さ
れ，設計されているのである。

　前方後円墳は貴紳の葬墓であると説くのは正し
いが，一面の正しさに過ぎない。むしろ貴紳の践
祚・即位・大嘗会の実修空間，その神話空間とし
て設計され，王権の継承を語る記念物として営造
されるといった性格の方が遙かに正しく重要な指
摘になるであろう。「埴輪体系」はこうした践祚・
即位・大嘗会を具体的に形象化するものとして，
それぞれ所定の位置に配置されたと見るのが正し
いのである。王権継承がすぐれて政治的な課題で
あるだけに前方後円墳の創出後，王権継承の形象
を「埴輪」に求め，見事にそれを果たしている様
がここに読みとれるのである。

特集●埴輪をめぐる古墳社会

埴輪を考える

埴輪が語るところはきわめて大きい。埴輪のもつ種々の相，多様な面を新しい視座から検討し，その全貌を浮かび上がらせたい

埴輪の出現／埴輪の配置／埴輪による古墳の編年／埴輪の再利用／古墳時代の鏡面／埴輪と中・小規模古墳／古墳をめぐる木製樹物

埴輪の出現
―関東地方の場合―

早稲田大学助手
■ 橋本博文
（はしもと・ひろふみ）

関東地方では群馬芝根7号墳で西日本の影響を受けて成立した宮山型と都月型の両タイプの流れをくむ特殊器台形埴輪が存在する

　吉備の特殊器台が畿内に受容され，埴輪化する。さらに，それが古墳の伝播とともに，地方においていかなるかたちで出現してくるのかを，関東地方の例を取り上げて検討してみたい。なお，仮器化した壺形土器・壺形埴輪の一例を合わせて紹介する。

1　関東地方の初期埴輪

　茨城県八郷町佐自塚古墳例[1]は1個体のみの確認で，多量樹立は知られていない。裾広がりのプロポーションを呈する。断面蒲鉾形の突帯2条を口縁部と基底部近くに各々貼り，その中間に木の葉形や三日月形・半円形などの不整形の透孔を数多く不規則に穿つもので，短い口縁部の強く外反する器台形の土製品である。外面調整は粗雑なナデとされる。この透孔の様相は，後にふれる群馬県芝根7号墳例とも一部通じる。全体的には，群馬県下郷天神塚古墳例よりも崩れたものである。
　また，千葉県印西町にもおかしな土製品が存在する。鶴塚古墳例[2]は疑問な点が多いが，口縁部が吉備の特殊器台的な段をもって直立するもので，胴部をX字状に線刻するのではなく，赤彩する。透孔は欠くようである。これらの土製品は，在地の弥生式土器や古式土師器などの伝統から出現したとは考えにくく，西日本・畿内などで変容されたものが2次的に波及したものであろう。年代は，前者の佐自塚古墳例が，副葬品に滑石製玉類をもつことや和泉式に近い高坏の出土などから，5世紀初頭まで下るものと推考される[3]。
　それらに先行する例として，群馬県玉村町芝根7号墳例[4]は，西日本・畿内の影響を受けて成立した関東で最古の特殊器台形土製品を含む。基部が八の字状に開いて下に平坦面を広くもって終わる特殊器台の名残りを有するもの（Aタイプ）と，円筒埴輪状にほぼ直立するもの（Bタイプ）との2種類がある。口縁部については，Bタイプは不明であるが，Aタイプは通例の特殊器台のように段をもって上に立ちあがるのではなく，一たん外反する口縁部状に成形してそこを頸部とし，さらにその裏側から平行してもう1枚真の口縁部を貼り足したものである。頸部文様帯を有し，ヘラ描きの斜行する直線文と曲線文とからなる。それに伴い，木の葉形などの透孔が切り抜かれている。なお，これは全周しないらしい。
　一方，胴部文様帯は刻線を数本単位の斜行線で鋸歯状に表現し，それに沿って三角形透孔を同一

段中に千鳥状に配列する。突帯は断面三角形を呈し，2条が近接して貼られている。恐らく，間帯の消失に伴い接近したものであろう。胴部の外面は2次縦ハケ，内面はハケおよびナデで調整する。赤色塗彩の範囲はA・B両タイプともに，第1段基部から外面全面にわたる。さらに，Aタイプでは口縁部内面にまで施されている。埋め込みによって第1段基部が隠れる都月型（とつき）のものが基部を塗らないのに対し，より古相である。因みに，芝根7号墳は，小林行雄氏のいう舶載，三角縁「君宜高官」銘獣文帯四神四獣鏡を副葬したと考えられる前方後円墳である。編年的には，川西0期ないしⅠ期[5]に溯る可能性のある古墳で，墳丘下で確認された住居址出土土器との編年対比が今後の課題である。

このように，芝根7号墳には，形態から近藤・春成両氏のいう宮山型と都月型[6]の両タイプの流れをくむもの（A・Bタイプ）が共存する。そのあり方は，奈良県箸墓古墳[7]・西殿塚古墳などでも同様である。これは追加樹立とみるか，あるいはモンテリウスがいうように，「同じ様な組合せを持つた『発見物』の数が多ければ多いだけ，実際それ等の物が同時代に作られた品物として我々が取扱ふに安全さを加へる」[8]ということから，その新・旧両型式には大きな時間差はないという立場に立つか，解釈の分かれるところである。今のところ，後者を採りたいが，いずれにせよ関東でも，都出比呂志氏のいうA1型[9]の器台円筒などからなるものとして，群馬県芝根7号墳例が確認された点は重要である。

千葉県で今のところ最古式の様相のみとめられる定型化した円筒埴輪は，小見川町大塚山古墳のものである。外面調整2次縦ハケを施し，基礎成形を欠いて直接粘土紐を巻き上げてゆくもので，茨城県石岡市舟塚山古墳例と比較し，その類似性が車崎正彦氏によって指摘されている。様相としては川西編年Ⅱ期のものの特徴を有するが，時期的には氏のいう中期中葉の段階まで下るという[10]。

南関東では神奈川県伊勢原市小金塚古墳例[11]が古い。朝顔形埴輪の中には，川西編年Ⅰ期に相当するような肩部の膨らみが胴部の径よりも張り出したものも見受けられるが，その一方でその張りのあまりみられない後出的形態を呈するものも含まれる。また，肩部に透孔を穿つ点も新しい要素である。突帯の剥落を防ぐための投錨技法や内面ヘラケズリなどの古い技法を残し，外面調整はA種横ハケの定式化しないもので，総体としては川西編年Ⅱ期に該当する。朝顔形埴輪の頸部に突帯をもたない点は古い要素である。三角形・半円形の透孔を有するが，同一段に2孔と少なくなっている点は新しい。なお，森将軍塚古墳にもみられるような囲形埴輪が存在するようである。

茨城県岩瀬町長辺寺山古墳[12]には，同一個体の円筒埴輪に貼り付け突帯のものといわゆる「擬口縁技法」のものとが共存する。外面調整2次縦ハケを施し，三角形透孔を有するものである。突帯成形のいわゆる「擬口縁技法」は管見にして，長野県更埴市森将軍塚古墳例，同長野市川柳将軍塚古墳付近出土埴輪棺例しか知られず，後の東山道ルートの系譜とも考えられるが，依然，点的な分布で，今後の検討課題である。なお，これも分割成形の際に，上にのせるユニットを一たん倒立させて口縁部状にし，再び倒立させ（正位に戻して），接合と突帯成形とを兼ねたものと推考される。

現状で，埼玉県最古の東松山市雷電山古墳例[13]は突帯3条を基本とし，下郷天神塚古墳例と共通する。ほとんどが倒立成形という特徴的な技法によって製作されている。透孔形態は，巴形くずれのハート形・円形・楕円形・半円形・三角形・長方形が田の字形に4孔セットになるものなどからなり，やや古相である。同一段に4孔を基本としつつ，3孔・8孔のものもある。多くは突帯を挟んで千鳥状に配列される。朝顔形埴輪の肩部に小円孔を穿つものもみられる。肩部に張りはない。頸部突帯を欠く。外面調整はヘラケズリのちナデで，ハケメ調整は全くみとめられない。内面調整はユビナデのみで，ヘラケズリは施されない。なお，「多稜突帯」と称される独得な突帯をもつ。器台形埴輪・楕円形円筒埴輪を含むが，壺形埴輪を欠失する（図1-1・2参照）。

北関東では，栃木県足利市小曽根浅間山古墳例[14]が県内最古のものである。口縁部径に比して裾広がりの山陰型特殊器台の系譜をひくものを含む。段をもつ器台形の口縁部を有し，胴部には巴形などの透孔を穿つ。外面調整は2次縦ハケを施す。群馬県太田市朝子塚古墳例の一部と，器台形の口縁部形態や巴形の透孔・断面M字形の突帯・外面調整2次縦ハケなど類似点も多くみられる。距離的にも両者は近接し，同じ地域圏に属する。しかし，小曽根浅間山古墳例には，朝子塚古墳例

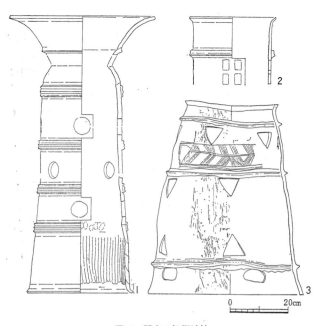

図1 関東の初期埴輪
1・2：埼玉県雷電山古墳，3：群馬県下郷天神塚古墳

に存在する外面調整A種横ハケのものはみとめられない。むしろ，山梨県八代町岡銚子塚古墳例[15]により近い。

群馬県朝子塚古墳[16]には，器台円筒埴輪・普通円筒埴輪・朝顔形埴輪・壺形埴輪のほか，形象埴輪として家・盾などが確認されている。ここに，定型化した埴輪群の成立をみる。ところで，先に，朝子塚古墳の埴輪が山梨県中道銚子塚古墳のものと類似することを指摘した[17]が，後にふれるように，両者には底部以外に胴部などにも透孔を有する壺形埴輪の存在が知られ[18]，その関連のより緊密であることが明らかになった。副葬品内容の不明な朝子塚古墳は，同じく似た様相の埴輪をもつ静岡県磐田市松林山古墳なども合わせて，その①仿製三角縁神獣鏡を含むこと，②碧玉製腕飾形宝器類の多量副葬，③玉材の多様化などをメルクマールとする副葬品組成から類推し，前期新相（前Ⅱ期）の古墳として位置づけられる。

同太田市八幡山古墳例[19]は，突出度の強い突帯と長方形透孔をもち，外面調整2次縦ハケを施す。同一地域圏の朝子塚古墳例との先後関係が気になるところであるが，立地や墳丘構築法などからみて先行する可能性もある。

同じく，玉村町下郷天神塚古墳[20]でも，朝顔形円筒埴輪が，壺形埴輪・器台形埴輪とともに検出されている。このうち，吉備型特殊壺をモデルにしたと思われる壺形埴輪の破片らしきものが注目される。ただし，上位突帯の上に三角形らしい透孔があく。内面は特殊壺に通有な横ヘラケズリである。特殊壺形埴輪は，畿内の箸墓古墳に採用されている。そこでは，口縁部は大和を中心とする畿内の有段口縁壺形土器のもの，胴部は吉備の特殊壺のものというように融合・合体現象が起こっている[21]。

また，下郷天神塚古墳例の特殊壺形埴輪と疑われる資料の突帯間には，円形竹管文が施文されているものもある。吉備型特殊壺の場合，特殊器台の口縁部などと同様に斜行鋸歯文が施されるのが通例で，あるいはこの円形竹管文は山陰の影響とも推考される。奈良県纏向遺跡では吉備型特殊器台の他に山陰型特殊器台の破片も出土しており[22]，畿内で両者の融合現象が生じていることは十分に考えられる。下郷天神塚古墳出土器台形埴輪の裾広がりのプロポーションは，山陰・出雲の島根県造山1号墳例，同神原神社古墳例などの山陰型特殊器台に系譜が辿れ，その口縁部が変形して奈良県小半坊塚古墳例のような段階になったものと解釈したい（図1－3参照）。

さて，下郷天神塚古墳例には，条数は少ないものの，断面三角形の突帯が3条貼られる。この突帯の形態は，既述した同一地域圏にある芝根7号墳例の接して貼られた2条の突帯の1条分に相当し，その系譜上にあるものと推量される。その突帯を挟む格好で，三角形・楕円形などの透孔が千鳥状に数単位ずつ配列される。ここで，本来は透孔の穿たれないはずの基部に楕円形・半円形などの透孔が存在する点は異例である。朝顔形埴輪の肩部の透孔と同様に新しい様相とみるか，特殊器台の一部のように基部にも透孔を有するものの名残りとみるか意見の分かれるところである。ここでは，一応前者の考えを採っておきたい。

なお，主に三角形透孔を千鳥状に配列する点は，長野県森将軍塚古墳例に通じる。しかし，森将軍塚古墳例のような各辺が内彎するかたちの独得な三角形透孔ではない。また，正面観をもって線刻文様が一部に表現されるものもある。そのモチーフは吉備型特殊器台の最も新しい都月型のものからは遙かに崩れたものである。外面調整は2次縦ハケが主体で，基部近くにA種横ハケを施すものが一部みられる。内面調整において基部近く

20

を横ヘラケズリするものがあり，古相である。基底部端部はほとんどが倒立されて口縁部状にナデが施されている。

以上，下郷天神塚古墳例と芝根7号墳例とを比較した場合，型式学的に前者が新しいことは明白であるが，共伴する底部穿孔壺形土器などの編年的検討より，前者の後出することが傍証される。

初期円筒埴輪のうち，途中まで口縁部状に成形した単位を天地逆転させて基部とし，その反対側に粘土紐を巻き上げてゆくいわゆる「倒立成形」の特徴的な製作技法をもつものが散見される。埼玉県雷電山古墳例のほとんど，群馬県下郷天神塚古墳例，栃木県小曽根浅間山古墳例の一部などがそれである。これらは，特殊器台の成形技法の名残りとも理解されるが，このうち，下郷天神塚古墳例，小曽根浅間山古墳例はともに「山陰型特殊器台」の系譜をひくものである。ここに「倒立成形」と「山陰型特殊器台」との関係が示唆される[23]。なお，新しくなって5世紀後葉の愛知県断夫山古墳例などに類似の成形技法が見られるが，時間的にも空間的にも離れており，この間の直接的繋がりは今のところ証明できない。長野県森将軍塚古墳例の中にも倒立成形のものが含まれるが，これは段ごとの分割成形に起因しているものと考えられる。

次に埼玉県雷電山古墳の円筒埴輪のうちで，1条の断面に3つないし4つの稜をもついわゆる「多稜突帯」の系譜に関して検討してみよう。偏平な断面台形に粘土紐を貼り付けた後，ヘラ状工具を押し当てて稜を作り出すということで，複数の粘土紐を平行に貼っていない。とすれば，隣りの群馬県玉村町にあって先行する芝根7号墳例のような，特殊器台系譜の間帯の消失に伴う2本の突帯の接近とは，技法的に直接結びつかない。が，形態的には，その発展・退化というかたちでも捉えられる可能性がある。

このように，初期埴輪の多様な受容状況が看取される。

2 仮器化した壺形土器・壺形埴輪

壺形土器・壺形埴輪のうち，底部だけの穿孔ではなく口縁部や胴部にも透孔を穿つものがある。口縁部に円形透孔を1列に2孔6単位の計12孔配する有段口縁の埼玉県鷲山古墳例[24]は，中部地

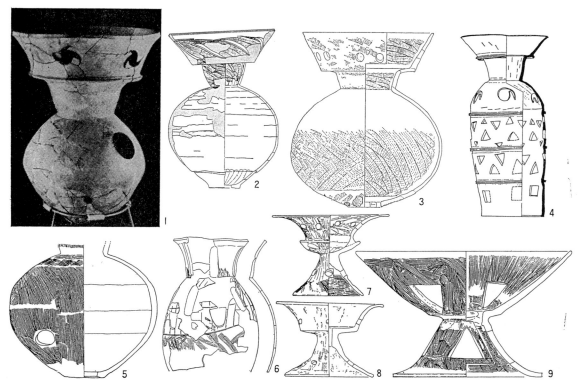

図2 いわゆる「壺形埴輪」および比較資料（縮尺不同）
1：山梨県中道銚子塚古墳，2・6：群馬県堀之内遺跡DK-4号方形周溝墓，3：埼玉県鷲山古墳，4：奈良県布留遺跡，5：群馬県朝子塚古墳，7：群馬県万福寺遺跡7号住居址，8：千葉県平賀遺跡38号住居址，9：群馬県堤東遺跡2号周溝墓

21

方・山梨県中道銚子塚古墳例の口縁部に巴形透孔を4孔穿つものとの関連が指摘できる。この中道銚子塚古墳例には，胴部にも大小の円形透孔と巴形透孔がみとめられ，関東の群馬県朝子塚古墳例の胴部下半に円形透孔を複数もつものや，栃木県藤岡町大桝塚北古墳例のような胴部に小円孔を数多く穿孔するものとの関係も示唆される。

さらに，器形は異なるが，群馬県藤岡市堀ノ内遺跡DK-4号方形周溝墓出土土製品[25]のような頸部・肩部に長方形・半円形などの透孔がみられるものとも関わりを有しよう。これらは，埋設・設置されると隠れてしまう底部だけの穿孔に比して，埋置・設置後も視覚的にその口縁部や胴部などの透孔が容易に認知されるだけに，より仮器的な様相を呈するものと解釈される。朝顔形埴輪の肩部に透孔を有する奈良県布留遺跡例[26]，長野県森将軍塚古墳例，神奈川県小金塚古墳例などとも一脈通じる。群馬県前橋市堤東遺跡2号周溝墓出土の受け部に三角形透孔を4孔穿つ高坏形器台[27]とも関連をもとう。

これらから，続いて「器台結合壺」[28]「壺結合形器台」[29]とも称される土器との関わりが想起される。受け部の立ち上りに，円形・三角形・隅丸方形・水滴形などの透孔を数孔穿つもので，壺の口縁部ないし胴部下半が器台に結合したものという解釈がなされている。これらにも儀器としての性格がみとめられているが，一般には「竪穴住居址」内から出土する。ただし，墳墓からの出土例も散見される。ここに，先の壺形土器・壺形埴輪と，「壺結合形器台」との結びつきがあらためて注目される。なお，森将軍塚古墳第7号埴輪棺棺身も興味深い。壺の胴部形態を呈した最上段の肩部には小円孔がみとめられる。集落址から出土する土器の中にも，胴部下半に小円孔を1孔穿つ小型の有段口縁壺形土器を往々にして見かける。これらとの関連も機会を改めて検討したい。

註

1) 稲村　繁「茨城県における埴輪の出現」『古墳文化の新視角』雄山閣出版，1983
2) 下総鶴塚古墳調査団『下総鶴塚古墳の調査概報』1973
3) 千葉県石神2号墳と墳丘下住居址出土和泉式土器との編年関係から，あるいは4世紀末葉まで溯らせてよいかとも思われる。
4) 藤岡一雄「『綜覧』芝根村7号古墳」『群馬県史』資料編3，1981。筆者らの調査は後日報告の予定。
5) 川西宏幸「前期畿内政権論」史林，64-5，1981
6) 近藤義郎・春成秀爾「埴輪の起源」考古学研究，13-3，1967
7) 丸山竜平「発生期古墳の諸問題」『昭和48年度滋賀県文化財調査年報』1974
8) モンテリウス著・浜田耕作訳『考古学研究法』岡書院，1932
9) 都出比呂志「前方後円墳出現期の社会」考古学研究，26-3，1979
10) 車崎正彦「房総豪族層の動向」古代，83，1987
11) 久保哲三ほか『伊勢原市小金塚古墳』伊勢原市教育委員会，1985
12) 大橋泰夫ほか「常陸長辺寺山古墳の円筒埴輪」古代，77，1984。なお，資料の検討に際し，荻悦久氏の御高配を賜わった。
13) 佐藤好司ほか『埼玉県古式古墳調査報告書』埼玉県史編さん室，1986
14) 前澤輝政ほか『足利市遺跡詳細分布調査報告書』1983
15) 拙稿「甲斐の円筒埴輪」丘陵，8，1980
16) 拙稿「上野東部における首長墓の変遷」考古学研究，26-2，1979
17) 註15)・16)に同じ。
18) 朝子塚古墳例に関しては，松島栄治・尾崎喜左雄ほか『石田川』1968，中道銚子塚古墳例については，坂本美夫ほか『国指定史跡銚子塚古墳・附丸山塚古墳―保存処理事業第3年次概報一』山梨県教育委員会，1986を参考にした。
19) 石関伸一ほか「八幡山遺跡」『古墳出現期の地域性』北武蔵古代文化研究会ほか，1984
20) 巾　隆之ほか『下郷』関越自動車道（新潟線）地域埋蔵文化財調査報告書第1集，群馬県教育委員会，1980
21) 白石太一郎ほか「箸墓古墳の再検討」国立歴史民俗博物館研究報告，3，1984
22) 石野博信ほか『纒向』奈良県桜井市教育委員会，1976
23) 吉備型特殊器台の基部も倒立して製作しているようである。
24) 坂本和俊ほか『埼玉県古式古墳調査報告書』埼玉県史編さん室，1986
25) 前原　豊ほか『A1　堀之内遺跡群』藤岡市教育委員会，1982
26) 置田雅昭「初期の朝顔形埴輪」考古学雑誌，63-3，1977
27) 松田　猛ほか『堤東遺跡』群馬県教育委員会，1985
28) 佐原　真『弥生土器』日本の美術 No.125，至文堂，1976
29) 田中新史「古墳の調査」『上総国分寺台発掘調査概報』市原市教育委員会ほか，1981

埴輪の配置

奈良大学教授
■ 水野正好
（みずの・まさよし）

埴輪はその配置されるべき位置がその機能に基づいて詳細・厳密
に定められており，時代的変化も全国に共通する面をもっていた

埴輪は元来，古墳に配置するために作られている。勿論，埴輪を製作・焼成する工房や窯場に作りのこしの埴輪があったり，また工房や窯場から古墳まで運ぶ間の一時的な置き場にそのまま放置される結果となった埴輪があったり，時にはそうした場所から持ち出され転用された埴輪，あるいは一旦古墳に樹て並べられたのち持ち出され，他の目的に転用される埴輪もあったろう。埴輪の出土状況はそうした種々のありようを示すが，いずれにせよ，それらは埴輪の機能・本質に基づくものではなく，元来，古墳に配置されることをもって「埴輪」の本義と見做しうるのである。

1 「酒・食」の列に見る

こうした埴輪の中で成立も早く，また最も遅くまでのこって来た埴輪は円筒埴輪とよばれる埴輪である。円筒埴輪には器台を形象化したかと思われる埴輪と，壺を形象化したかと思われる埴輪の2種が見られる。これら円筒埴輪はすべて「列」をなして並べ，一定の範囲を囲繞し区劃する性格をもっている。時には器台形の円筒埴輪ばかりを連ね並べるケース，あるいは壺形の円筒埴輪ばかりを連ね並べるケースも見られるが，一般には器台形の円筒埴輪を4・5本連ねては1本の壺形の円筒埴輪をいれるといった並べ方をする場合が多いのである。

3段築成の前方後円墳であれば，その裾や各段の段築平坦面の外縁に連ね並ぶ。2段築成の方墳であれば，その裾と各段の段築平坦面の外縁に同様連ね並べられる。前方後円墳の造出部や帆立貝式古墳の前方壇もその上面平坦面の外縁にそって連ね並べられる。また，周濠の外に設けられた外堤にあっても，その堤幅上面の内外縁に並べ連なる事例も多く，あるいは周濠内の島状遺構にあってもその上面平坦面の外周縁に円筒埴輪列が見られるのである。

したがって前方後円墳なり円墳・方墳・帆立貝式古墳など，その古墳の墓域から中心部へと何重にも構造的に囲いこむかのように囲繞することが重要な機能となっているのである。このことは個個の円筒埴輪が個性をもつのではなく列立するあり方の中にその意義をもつ，機能を果たす存在であることを物語るのである。こうした列立する姿は柴垣なり玉垣に通ずるものであり，一種の「境立て」を意味する構造である。

列立する資料ではないが，器台や壺と係わり合う容器をもって境立てに宛てる例は『播磨国風土記』の中に，甕坂の由来を説いて，「昔丹波與播磨堺国之時，大甕堀埋於此土，以為国境，故曰甕坂」とのべている。1甕を埋めおくのか大甕を列立するのか，その詳細は不明であるが，甕を掘り埋めることで「境―国境」が誕生するのである。こうした史料をも援用すれば，円筒埴輪列が古墳を幾重にも境立てし，その「内部」を外部から境立てしようとしている意図を汲みとることができるのである。

円墳，方墳の場合は同心円（方）構造で円筒埴輪が列立されるから，その墳丘頂部平坦面が囲繞の心となるのであり，囲繞の目的を果たす空間となる。前方後円墳にあっては段築ごとの円筒埴輪列によって前方部頂部・後円部頂部，両者をつなぐ通路部が囲繞の心となり，目的を果たす空間となるのである。したがって究極には，こうした「心」が囲繞の対象であり，その「心」こそ囲繞・囲いこみの「聖なる空間」となるのである。幾重にも囲いこみ墓域を標示し，聖心を守護しようとする意図がそこに辿れるのである。

円筒埴輪が器台・壺の形象であることとこうした囲いこみ，聖心の護持がいかに関連するかは「列」「幾重にも」といった配置の規則とも関連して説かれねばならないであろう。器台は食物やその食饌具を載せるもの，壺は酒水を容れるものである。酒食を表現するものが壺・器台であると説いてもよいであろう。とすれば，円筒埴輪列は「酒食」の列ということになり，古墳は酒食を幾重にもめぐらした存在と説明できることになる。

史料では祝詞の中に、「御酒者瓺戸高知瓺腹満雙氐，米爾毛頴爾毛山住物者毛乃和物毛能荒物，大野原爾生物者甘菜辛菜，青海原爾住物者鰭廣物鰭狭物奥津海菜辺津海菜爾至万氐爾横山之如久八物爾置所足氐」とある一文がこうした酒食を連ね並べる様を称えるものと見てよい。

したがって甕腹満し雙らべて酒を供し，山海の食饌を置き足らわして饗えする，そうした意を如実に伝えるのが円筒埴輪列であると説いてよいであろう。盛り連ねた酒食の列は神を御饗えするものであり，御饗えすることにより聖心を護り，墓の外なる者へその豪華な御饗えを高らかに誇らかに示す，そうした機能をもっていたのである。祭りする場を酒食で満たし，その祭儀の豪華を誇示し，併せて寄りくるものを酒食で退かせようとする意図が働いているのである。聖なる祭儀の囲いこみ，その聖性の護持と発露の表現とみてよいであろう、

2 威儀具としての埴輪

前方後円墳の場合，後円部頂部平坦面に一段高い方壇を築き，その周囲に円筒埴輪列を繞らす例がある。後円部を求心的に囲繞した各段築の円筒埴輪列と一見異なる方形区劃であるが，その用は同様，聖性（心）護持のための機能に基づく配置であり，祭儀の空間が方形にしつらえられることによる結果である。こうした方形区劃一壇の内部，時には壇や方形区劃を見ず墳頂円形平坦面縁の円筒埴輪列の内部に樹てられるのは，楯・甲冑形埴輪，靫・太刀形埴輪，衣笠・刺羽形埴輪である。楯と甲冑は元来，戦時の護身の防具として，また靫は矢を象徴し，太刀とともに相手を倒す兵具，衣笠は日を遮り，刺羽とともに貴人の行具である。こうした機能を異にする3群の埴輪が見られるのである。

ただ，その形状を見ると，多くの場合，楯と甲冑は楯が著しく数も多くその規矩も大きい，同様に靫と太刀では靫の数が多く，その規矩も大きい，衣笠と刺羽でも衣笠の数が多く規矩も大きいといった傾向がたどれるのである。3群の埴輪を完備する事例もあるが，時に3群を構成する2種の埴輪中1種を取り出し，他を略すといったケースも見られるのである。

一方，3群中の1・2群を形象化するが1群を形象化しないといったケースも見られる。楯と甲

冑（甲・冑・草摺）は護身の防具であるが，その防ぐといった機能から，たとえば境界に樹て置き寄り来るものを防遏するといった役割を帯びる事例は『延喜式』巻上，践祚大嘗祭の條に「凡大嘗宮南北門所建神楯四枚，戟八竿……，又朱雀應天會昌等門所建大楯六枚，戟十二竿……」とあるなど，随所にその事例が見られるのである。

楯は時に後円部頂上方形区劃内に樹てられるだけでなく，この方形区劃列を構成する円筒埴輪の間に配置されたり，時には楯・短甲（草摺）形埴輪が円筒の間に樹て並べられて方形区劃を作り出すケースも見られる。それだけでなく，段築上に円筒埴輪列が連なる中，添うようにして時に点々と楯形埴輪を見る場合，あるいは円筒埴輪の列中に配置されている場合が見られる。いずれも寄りくる者から「護る」といった機能が強調され，後円部方形区劃内配置という元来の機能が拡大していくのである。

靫と太刀も同様，相手と戦う兵具であるが，先程の『延喜式』の一文に戟の特殊な用法が語られるとおり，寄り来る者を入れじと「護る」心根をもつ。楯や靫が時に大きく形象化され，時に楯などはその面を朱彩し，配置にあたって方形区劃の四辺なり正面に樹て，楯面を外方に面させるなど，よく「護り」の機能に即した配置をとっているのである。こうした「護り」は円筒埴輪列が酒食饗応の意をもつ和御の境立てであったのに対し，楯・甲冑形埴輪，靫・太刀形埴輪は本質を防具，兵具に置く威儀具としての境立てであり，断じて「護る」意を示すものとして形象化されているのである。その「護り」の対象が楯面の背後，あるいは靫の背後にあたる方形区劃の内部一聖心にあることは言うまでもないところである。

楯・甲冑形埴輪は護身の防具，靫・太刀形埴輪は相手を倒す兵具であるが，ともに「威儀具」と総称してもよいであろう。楯と靫が顕著な存在である事実は「威儀具」として両者が対の構造・存在であるからである。

一方，こうした威儀具に囲まれる存在として注目されるのは衣笠・刺羽形埴輪の存在である。この両者はともに貴人外出時，頭上の陽光を遮り，目や顔を覆う行具であるが，後世，即位朝賀などの大儀に高御座に出御される時，座上に衣笠・座下からは女嬬が左右から刺羽をかざすというように，早くから尊貴出御の場や神の降臨する

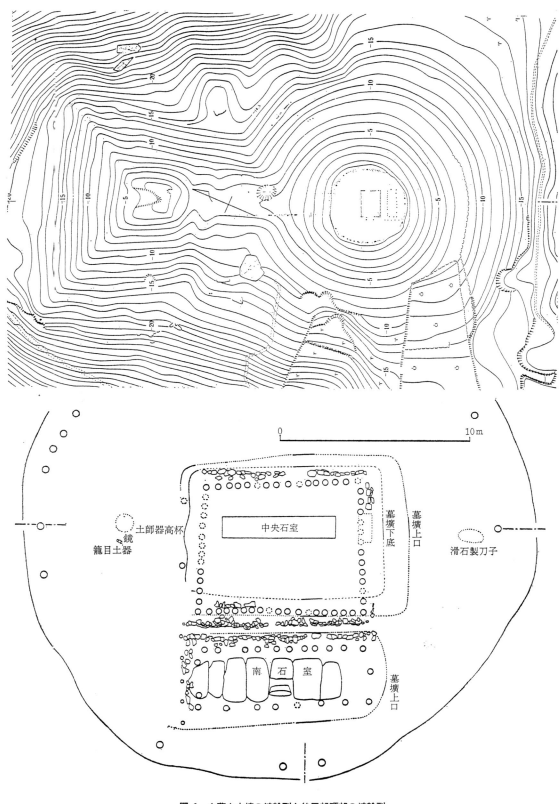

図 1　金蔵山古墳の埴輪列と後円部頂部の埴輪列
（『金蔵山古墳』倉敷考古館，1959より）

25

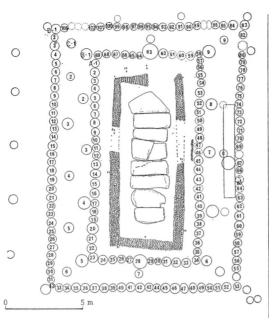
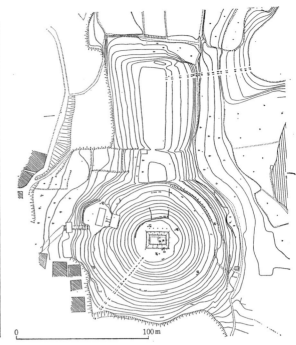

図2 メスリ山古墳の埴輪列(右)と同古墳後円部頂部の埴輪列(左)（奈良県立橿原考古学研究所編『メスリ山古墳』1977より）

祭りの場に見られる存在であった。したがって衣笠、刺羽は祭儀実修を暗示する聖なる器財ともなるものであり、この方形区劃内、方形壇内が聖なる祭儀の空間であること、祭儀の実修が表現されていると見てよいのである。したがって本来は円筒埴輪列で方形区劃を作り、その内側に楯・甲冑、靫・太刀が、さらに内側に衣笠・刺羽が方形に配置される姿が初現的な事例となるであろうが、時に3群が方形区劃をつくる形をとる場合も見られるのである。

3 家形埴輪・器財埴輪と人物埴輪

方形区劃―壇の中心に配置されるのは家形埴輪である。主屋・副屋・倉・納屋・炊屋など各種の建物で構成されること、その配置には種々の復原案が見られるものの、いずれも屋敷を表現するものであることが重要である。神殿や霊殿といった構成でなく屋敷である。その配置は方形区劃の中央、ないしはやや一方の前よりに配置されるケースが多く、葬者を葬った竪穴式石室や粘土槨と必ずしも合致しない配置例が時に見られる。

各建物は現実の主屋・副屋・倉など、その規模・形態・装飾を忠実に形象化しており、埴輪世界の中で最も精緻な造形を見せる。現在の知見では岡山市金蔵山、御所市宮山古墳など2基の埋葬施設を並設する事例では、家形埴輪の発見はいずれも変則的であり、方形区劃外となっている。第2次被葬者―追葬者を配慮しての配置であり、一般例とは見做し得ない配置であろう。

ところで、前方後円墳の後円部に設けられた方形区劃―壇は、実は時に前方部の先端頂部平坦面にも設けられる事例がある。その位置に後円部と共通する埴輪が見られるのであり、前方部・後円部に通じて祭儀空間が存在することを教える。前方部以外、前方後円墳の造出部に家形埴輪・蓋・楯形埴輪などを配置する例や、外堤の一劃にこうした埴輪を配したり、外堤外に別区を設定し、ここにこの種の器財埴輪を配置する例が見られる。その多くは中期古墳であり、後円部・前方部以外にこうした空間に家形・器財埴輪が登場するのである。祭儀空間がこうした空間にも拡がるのであり、前方部・後円部に同種の埴輪が存在するのである。新しい祭儀が成立する結果と見てよい。

家形埴輪や各種の器財埴輪より遅れて成立してくるのが人物埴輪・動物埴輪である。成立時には、決して墳丘内部に配置されることなく、外堤上、あるいは外堤に接する地に一定の空間を定めて「別区」を造り出し配置されている。その配置は整然たるものであり、祭儀の実修を克明に伝える形をとる。中央に対座し酒盞をまじえる貴人・

貴女2躯を配し，貴人の背後に文人・武人各12躯，貴女の背後に酒盞を執り舞う女嬬12躯，その左には馬と馬飼人各6躯，右に鶏3羽，水鳥6羽，最末に裸馬3躯，鷹飼人・猪飼人各1躯が配置される群馬県保渡田八幡塚例がその典型である。

ところが，帆立貝式古墳が成立してくると，それに伴い新しい様相が現われる。帆立貝式古墳は円墳の前面に低平な壇を付属させたものであり，前方後円墳とは全く異なる構造・系譜にあるもの，むしろ円墳の系譜で理解すべき形態である。この方壇部には古い事例では家形埴輪・楯形埴輪とともに弓・女子埴輪や馬形埴輪が伴い，新しい事例では家形埴輪を欠き男子・女子埴輪と若干の器財埴輪を含むものとなっている。こうした帆立貝式古墳の場合，その埴輪数は乏しく，人物埴輪の場合，貴人・貴女埴輪を見ること少なく，また器財や動物埴輪も種類を揃えるものの数は少なく，象徴的に祭儀を示すかのようである。恐らく前方後円墳の埴輪群とは明確に区別すべき埴輪群であり，構造・祭儀次第などに相違があると見てよいであろう。

横穴式石室が採用されると埴輪の配置は一変する。後円部・前方部頂平坦面に家形埴輪や楯形埴輪を配置することは継承されるが，横穴式石室開口部と同一面の段築面に開口部から1列に人物埴輪群が並び，続いて馬形埴輪群が連なり，やや離れて家形埴輪，さらに離れて太刀・靫形埴輪が集まるといったように，それぞれが段築テラスの一劃を占める形となる。そうした一劃内の人物埴輪群には栃木県鶏塚古墳例のように田舞を演ずる空間を設けるものもあるが，多くは1列に並び祭儀空間の実際を語る例は少ない。この期の人物埴輪群などが横穴式石室の向かって右，あるいは左側に集中配置される背景には羨門にとりつく墓道との係わり合いが考えられねばならないであろう。

横穴式石室を具えた前方後円墳の場合，近畿地方では造出部にも家・蓋形埴輪に加え，人物・鶏・猪形埴輪を新しく加えた例が登場し，時には前方部前端に猪・犬・人物を配し，猪狩の様を演ずる埴輪群を見る事例もある。その点数は一般に少なく，各群の埴輪の性格を象徴的に表現すればこと足りるとするかの感が漂うのである。横穴式石室墳の採用は，従前墳丘内に人物埴輪，動物埴輪を持ちこまずとする思惟を一挙にくずし，石室羨門を中心とする段築テラスに新しい世界を拓

く，そうした契機となったのである。

4　埴輪とまつりごと

埴輪世界は，その成立の初源に厳格な配置の約束をもっていた。幾重にも繞らされた円筒埴輪列は，後円部頂部，前方部頂部，両者を連結する通路を聖なる祭儀空間として極だたせる。後円部頂部の方形区劃―壇は武具を形象化した埴輪群で聖心の護持と祭儀の威儀を誇示し，その内部を行具で聖の表示，祭儀の表示を行ない，聖心に屋敷形埴輪を据えるのである。死者葬室の直上だけに死者とも重なるイメージをもつ。後円部が践祚空間，通路が天降り空間，前方部が即位空間と考え，前方後円墳が践祚即位の空間表現，併せて天孫降臨の神話空間であると考える私にとっては，こうした埴輪世界は王権の継承に係わる重要な秘儀の表現と思えるのである。やがて人物・動物埴輪の世界が外堤上や周堤別区に設けられるに至るが，この空間は即位した王者の大嘗会空間と考えるのである。人の演ずる世界の形象化が最も遅れるのであるが，本来こうした大嘗会空間は宮都の内で実修されるものであったのが，古墳の外周域に形象化されるに至るのである。横穴式石室の採用は，こうした大嘗会空間を変化させる。墳丘石室羨門の脇といった空間が与えられる所からすれば，人物・動物埴輪の世界は墓前の氏上などの継承を含む嘗祭に転換していくと見るのが正しいのではないかと考えるのである。

いずれにせよ，埴輪はその配置されるべき位置がその機能に基づいて詳細・厳格に定められていたのであり，時代の流れとともにそれぞれの配置されるべき位置・空間に変化を見るものの，その変化は全国を通じて共通する面をもっているのである。埴輪世界が践祚即位大嘗会といった重要な祭儀の表現・形象化に始まり，終始その性格の中に「政治」，まつりごとが貫徹されるのである。

埴輪世界を全掘した古墳の調査例はいまだ乏しい。多くの知見を編綴する中で，各種埴輪の配置空間が浮かび上るのである。検討すべき点も数多いが，鶏形埴輪などは前方部と後円部間のくびれ部，あるいは帆立貝式古墳の方壇くびれ部両側に配置される事例を見る。鶏の朝を告げる性格を以ってすれば，後円部の秘儀は夜，前方部の秘儀は朝といった感覚もまた復原されるのである。埴輪配置を論ずることの重要性が理解されよう。

埴輪による古墳の編年

富田林市教育委員会
■ 川村紀子
（かわむら・のりこ）

埴輪は各時期を通じて普遍的に存在することと莫大な量を占め
ることから，古墳編年のうえで最も有効な手段の一つといえる

埴輪は古墳の墳丘や外堤にめぐらされるもので，古墳の装飾だけではなく古墳時代の葬送儀礼の思想をも反映している。

最近，発掘調査により新たに発見される古墳も少なくない。これらの古墳は墳丘の盛土・内部構造・副葬品などが，すでに消滅，あるいは削平されているものがほとんどである。しかし，濠から出土する埴輪から古墳の時期の決定が可能である。

また，宮内庁管理の大型古墳は，内部構造や副葬品など全く把握できていないものがほとんどであるが，外堤やその周辺の調査で埴輪列や埴輪片が検出されることが少なくない。

このように，埴輪は各時期を通じて普遍的に存在し，かつ使用量の多いことから，入手しやすい資料であり，古墳を編年する有効な手段の1つとして近年とみに注目されている。

1　埴輪編年の研究

埴輪の中でも多くを占める円筒埴輪は，内外面の調整方法，タガの形態，スカシ孔の形態と個数，焼成方法などの総合的な検討からその変遷がたどれる。

埴輪から古墳の編年を行なった研究は，川西宏幸氏の「円筒埴輪総論」[1]，赤塚次郎氏の「円筒埴輪製作覚書」[2]によって集大成された。

川西氏は山城地方を中心に埴輪を5期に分け，畿内だけに限らず，全国の古墳の編年を試みている。さらに古墳の実年代は，副葬品によって裏付けされている。

赤塚氏は，大和地方の埴輪の製作工程の復原をした上で円筒埴輪の編年を行ない，さらに製作者の復原も試みている。

本論では川西氏の埴輪編年を軸に中期の代表的な古墳群である古市古墳群をとりあげて古墳の編年を試みたい。

2　古墳の編年

古市古墳群は，大阪府藤井寺市と羽曳野市にまたがる東西3km，南北4kmの範囲に広がる古墳群である。現在，前方後円墳21基，帆立貝式古墳7基，前方後方墳1基，円墳23基，方墳36基が確認されている。

前述したように，この古墳群内でも最近開発工事の急激な増加により，墳丘が削平された古墳が数多く発見されてきた。また一方，宮内庁管理の大型古墳も多いが，その内部構造や副葬品などについてはほとんど不明である。

このように墳丘の調査が不可能な状況のもとでは，周濠や外堤およびその周辺から出土する埴輪列や埴輪片で古墳の編年を行なうのが現在のところ最も有効な手段と思われる。

そこで莫大な数を占め，かつ形態の普遍的な円筒埴輪から編年を試みてみることにする。古市古墳群内では，調整方法，焼成方法，タガの形状などから大きく4期に区分でき，古い方からⅠ期，Ⅱ期……とする。

＜Ⅰ期＞

古市古墳群内で古墳が造営され始めた時期である。この時期の埴輪は，外面調整に1cmに10本以上の細かいていねいなタテハケが施されている。スカシ孔は三角形（逆三角形も含む）ないし四角形が主流で，まれに円形のものもみられるが，その数は1段に2個ずつ穿れている。タガの形態は突出度が高く，上・下辺の稜が鋭くしっかりとしたものである。焼成は黒斑を有した軟質のものである。

古墳別に見ると，津堂城山古墳の埴輪は上述の特徴をもつが，外面調整にタテハケの後A種ヨコハケ[3]が施されているものも含まれている。また，古市古墳群内で鰭付埴輪が出土しているのはこの古墳に限られ，古墳群内でも古い様相を呈している。

津堂城山古墳の埴輪と若干様相を異にしたものに，古室山古墳・野々上古墳の2古墳の埴輪がある。これらの埴輪は器壁が薄く，胎土もやや粗い。口縁部は大きく外反していることも，両古墳の埴

輪の大きな特徴である。

その他，岡古墳・宮山古墳があげられる。岡古墳は埴輪列が確認されており，その5本に1本は朝顔形埴輪が立てられていた。いずれも外面にタテハケ調整が施され，スカシ孔は四角形と円形である。

宮山古墳は造り出し部分から壺形埴輪・水鳥形埴輪が出土している。水鳥形埴輪は津堂城山古墳・応神陵古墳からも出土しているが，壺形埴輪はこの古墳に限られている。また北側のくびれ部には，スカシ孔をもたない円筒埴輪の存在も確認されている[4]。

＜Ⅱ期＞

埴輪生産が増加し始めた時期である。この時期になると，Ⅰ期とは異なり外面調整にタテハケの後A種あるいはB種[5]のヨコハケを施すようになる。またスカシ孔はほぼ円形に画一化されるが，まれに逆三角形を呈するものもある。タガはしっかりとした断面台形のものである。

仲津姫陵古墳では外堤で，大鳥塚古墳では墳丘でそれぞれ円筒埴輪列が検出されている。いずれも黒斑を有する埴輪で，基底部のみ埋められた状況で出土している。

仲津姫陵古墳の埴輪は，Ⅰ期の古室山古墳や野々上古墳の埴輪と類似した器壁のやや薄い胎土の粗いものである。外面調整は2段目より上にはB種ヨコハケが施されているが，基底部にまでヨコハケの施されているものもみられる。スカシ孔は円形が主流を占めるが，まだ逆三角形も残る。タガの形状もⅠ期に近い高く突出したものである。このように，Ⅰ期の特徴がまだところどころにみられることから，この古墳の埴輪はⅡ期の中でも古いところに位置づけられる。

大鳥塚古墳の場合は，外面調整がA種ヨコハケを施すものが主であるが，B種ヨコハケを施しているものもみられる。タガは仲津姫陵古墳とは異なり，断面はしっかりした台形を呈している。

さらに新しい様相を呈する埴輪に，墓山古墳のものがあげられる。外面調整はていねいなB種ヨコハケに統一され，タガもしっかりした高い台形を呈している。焼成方法は野焼きによる黒斑を有するものと，窖窯焼成による無黒斑のものの2種類の埴輪が存在している。このように，Ⅱ期の中でも細分すれば，3時期に分けられる。

＜Ⅲ期＞

埴輪生産が最盛期に達した時期である。Ⅱ期の墓山古墳出土の埴輪とほぼ同じものであるが，焼成方法は窖窯焼成に限られる。外面調整はB種ヨコハケに統一され，スカシ孔も円形に画一化される。

応神陵古墳の埴輪が最もよくこの時期の特徴を示している。外面調整は，タガ間に隙間なくB種ヨコハケが施されているため，1次調整のタテハケの痕跡は全く認められない。またこの古墳の特徴として，口縁端部に貼りつけ凸帯がめぐることがあげられる。

はさみ山古墳の埴輪も応神陵古墳のものと同様，口縁端部に凸帯を貼りつけた埴輪である。この凸帯をめぐらせた埴輪を多く使用しているのは，応神陵古墳・はさみ山古墳の2古墳であることから，ほぼ同時期に築造されたと考えられる。

応神陵古墳の周辺にみられる中小規模の方墳である東馬塚古墳・野中古墳・アリ山古墳の埴輪は，直径25cm〜30cmのやや小型の埴輪である。しかし，外面調整・タガの形態・焼成方法などは大型古墳の埴輪と同じである。

やや時期が下ると，外面調整のB種ヨコハケが雑なものになってくる。応神陵古墳の埴輪では，外面にタテハケが全く確認できなかったのに対し，白鳥陵古墳の埴輪にはタテハケの後，ヨコハケの施されている痕跡が明瞭に残っている。そしてタガの形態も断面がやや低い台形になり始める。

允恭陵古墳の埴輪は，外面調整はていねいなB種ヨコハケであるが，やはりタガはやや低くなり，断面M字形を呈するものが出現してくる。

中小規模の古墳の埴輪で，次のⅣ期への過渡期にあたると思われる埴輪に，青山古墳の南側に集中して存在する青山古墳群のものがある。これらの埴輪は，墳丘の規模に合った小型のものであるが，口縁が開かず，外面調整もやや粗い原体ではあるがB種ヨコハケが依然として踏襲されているものである。

このように，Ⅲ期になると墳丘の規模に合った埴輪が用いられ始めるようになる。しかし，大・小の大きさの差はみられても，調整方法，タガの形態などに違いはみられない。

＜Ⅳ期＞

古市古墳群で埴輪を用いた最終時期のものである。Ⅲ期には外面B種ヨコハケ調整に統一されて

表 1 埴輪出土表（『古市遺跡群Ⅴ』より作成，一部加筆または削除）

古墳（遺跡）名	所在地	時期	遺跡概要	円筒			形象															備考
				普通	朝顔	壺形	家	盾	靫	蓋	草摺	短甲	冑	舟	馬	鶏	水鳥	猪	人物	翳	形不明	
津堂城山古墳	藤井寺市津堂	I	Ω205m竪穴式石室	○				○	○	○							○				○	ヒレ付円筒有り
允恭陵古墳（市野山古墳）	〃 国府	III	Ω227m	○	○			○	○	○									○	○		
長持山古墳	〃 沢田	III	○40m	○																		埴輪列
高塚古墳	〃 沢田		○50m粘土槨																			
唐ビツ山古墳	〃 国府	III	Ω20m竪穴式石室	○																		埴輪列・葺石
衣縫塚古墳	〃 国府衣縫		○	○					○	○		○										
三ツ塚古墳	〃 道明寺		□八島塚、中山、助太山	○								○										修羅
錦塚古墳	〃 土師の里		○?50m	○																		
土師の里古窯址群	〃 土師の里	III	窯跡	○		○	○															
土師の里3号墳	〃 土師の里		○?20m	○		○																円筒棺（3基）
古室山古墳	〃 古室	I	Ω165m	○				○	○	○	○	?	?									埴輪列
大鳥塚古墳	〃 古室	II	Ω107m	○																		
赤面山古墳	〃 古室		○10m																			
仲津姫陵古墳（仲津山古墳）	〃 沢田	II	Ω286m	○						○												埴輪列
盾塚古墳	〃 道明寺		○63m粘土槨	○				○	○													
珠金塚古墳	〃 道明寺		□29m粘土槨	○																		
鞍塚古墳	〃 道明寺		○35m	○																		
仲哀陵古墳（ミサンザイ古墳）	〃 岡	IV	Ω239m	○																		埴輪列
岡古墳	〃 藤井寺4丁目	I	□32.5m	○	○		○	○	○	○			○									埴輪列・葺石
藤の森古墳	〃 野中		○24m横穴式石室	○					○	○												
蕃上山古墳	〃 野中	III	○53m	○						○	○	○							○			
蟻山古墳	〃 野中	III	□45m	○	○															○		埴輪列
東山古墳	〃 野中		□	○																		
狭山古墳	〃 野中	III	Ω98m	○					○	○												埴輪列
宮山古墳	〃 野中	I	Ω150m粘土槨?	○	○	○	○								○	○	○					埴輪列、魚形土製品
青山古墳	〃 青山	III	Ω66m	○									?								○	埴輪群、武具埴輪
青山2号墳	〃 青山		Ω24m	○															○			埴輪列
青山3号墳	〃 青山		□10m	○																		
青山4号墳	〃 青山		□20m	○	○												○	○				葺石
青山5号墳	〃 青山		□6m	○	○												○					円筒棺（1基）
青山6号墳	〃 青山		□10m														○					
野中古墳	〃 野中	III	□50m	○	○					○	○	?	○	○							○	囲い形埴輪、埴輪列
仁賢陵古墳（ぼけ山古墳）	〃 青山	IV	Ω120m	○	○																	埴輪列
林1号墳	〃 林		○?15m	○															○			
林2号墳	〃 林	IV	○34m（周濠含）	○				○	○	○									○			
林3号墳	〃 林		○?	○																		
林4号墳	〃 林		□?	○																	○	
林5号墳	〃 林		○?	○																		
林6号墳	〃 林		□?	○																		
林7号墳	〃 林		□?	○	○																	
五手治古墳	〃 野々上		□16m	○																		
峰ケ塚古墳	〃 軽里	IV	Ω88m	○															○			埴輪列
白鳥陵古墳（前の山古墳）	〃 軽里	IV	Ω189m	○						○	○								○			
若子塚古墳	〃 軽里3丁目	IV	□	○																		
清寧陵古墳（白髪山古墳）	〃 西浦	IV	Ω112m	○	○																	埴輪列
墓山古墳	〃 誉田	II	Ω224m長持形石棺	○				○	○	○									○			埴輪列
誉田白鳥古窯址群	〃 白鳥3丁目	III	窯跡出土（東西二群）	○															○			
白鳥1号墳	〃 白鳥3丁目	IV	○	○																		円筒埴輪列
応神陵古墳（誉田御廟山古墳）	〃 誉田	III	Ω415m	○	○		○	○	○	○	○	○	○		○	○						太刀(?)、靫状埴輪、土製品魚
東馬塚古墳	〃 誉田（誉田中）	III	□29m	○															○			埴輪列
栗塚古墳	〃 誉田		□30m	○																		
二つ塚古墳	〃 誉田	II	Ω110m							○	○											
丸山古墳	〃 誉田		○?30m					○	○	○												
茶山1号墳	〃 誉田	III	□11m	○	○			○	○	○						○	○	○				大刀形
白鳥神社古墳	〃 古市西町		Ω	○																		埴輪群
安閑陵古墳（高屋築山古墳）	〃 古市		Ω121m																			
安閑皇后陵古墳（八幡山古墳）	〃 古市		Ω?75m	○		○													○			
高屋1号墳	〃 古市			○																		
野々上古窯址群	〃 野々上	IV	窯跡出土	○	○					○									○		○	人物は他よりの混入か
野々上1号古墳	〃 野々上		○	○																		埴輪列
野々上古墳	〃 野々上	I	□17m	○																		
雄略陵古墳（丸山古墳）	〃 島泉		○75m	○	○																	

30

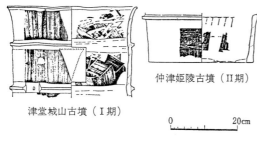

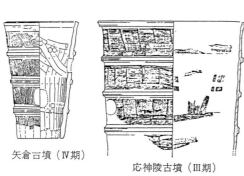

図1 円筒埴輪の変遷

いたものが，この時期になるとヨコハケが全く施されなくなり，下から上方向へのタテあるいはナナメ方向のハケ調整が施される。このタテハケはI期のタテハケとは大きく異なり，条数が粗いものに変わる。埴輪の大きさもⅢ期と同様に，大型古墳には直径の大きなものを，中小規模の古墳には小型のものを用いている。

まず大型の埴輪を使用している古墳には，仲哀陵古墳と仁賢陵古墳があげられる。この両古墳の埴輪の外面調整はナナメ方向のハケ調整が主流である。タガの形態はⅢ期と大きく変わり，突出度の低い三角形や台形・M字形などで，雑にナデつけられた状況を呈している。

仁賢陵古墳外堤の円筒埴輪列には，最下段のタガはナデによらず，指でつまむようにして貼りつけられたものも使われている[6]。

小型の埴輪は，墳丘がすでに削平されている中小規模の古墳から出土している。白鳥1号墳・矢倉古墳は円筒埴輪列が墳丘の裾部で検出された。実際このような古墳の時期決定には，埴輪による編年に頼らざるをえない。

中小規模の古墳には，前述した古墳のほか若子塚古墳や允恭陵古墳の西側に点在する林古墳群などがあげられる。小型の埴輪は，基底部径は15cm前後であるが，口径は25cmにもおよぶ安

定の悪いものである。タガは突出度が低く，台形や三角形，M字形などバラエティーに富んだ形状を示している。外面調整は粗いハケを使用したナナメハケ調整である。内面調整は，I～Ⅲ期まではヨコ方向，あるいは不定方向のハケやナデで占められていたが，Ⅳ期になると下から上へ強くナデあげた後，口縁部付近にヨコハケが施す傾向が強い。

以上，各時期の概略を述べたが，川西氏のⅡ・Ⅲ・Ⅳ・Ⅴ期が本論のI・Ⅱ・Ⅲ・Ⅳ期に相当する。川西氏のI期の埴輪は古市古墳群内では出土していない。

このように，古墳の造営の新古は埴輪によって検討できたが，実年代を比定することはむずかしい。古くから墳形や副葬品，内部構造など，個々の編年研究はかなり進められている。しかし古墳の編年を考えるには，それらを総合的に検討しなければならない。以下，各時期の実年代の比定を試みる。

最も古いと考えられるI期の津堂城山古墳は，大型古墳の中で唯一内部構造や副葬品が明らかな古墳である。竪穴式石室に長持形石棺が納められており，副葬品にも銅製品があるなど，前期的な様相を色濃く残している。その反面，三角板革綴式短甲や滑石製の模造品などの中期に盛行する副葬品が伴っている。また岡古墳も割竹形木棺が粘土槨で覆われているなど，前期的な様相を示している。

次に，Ⅲ期の応神陵古墳は，埴輪の焼成方法が大きく変化した時期に造営された古墳である。埴輪の窖窯焼成は，明らかに須恵器生産の技術の導入によってもたらされたもので，わが国で生産が開始されたのは，須恵器生産の開始とほとんど変わらない5世紀中頃と考えられる。応神陵古墳の造営は，国家的な大事業であったため，窖窯焼成という最新の技術を採用できたのではないかと思われる。そのほかⅢ期の中小規模の古墳でも，アリ山古墳や野中古墳には，多量の鉄器や武器が埋納されており，これらには中期古墳の特徴が顕著に表われている。

Ⅳ期の大型古墳は，前方部幅が後円部径を，また，前方部の高さが後円部の高さを上まわっている。

これらのことから，I期は4世紀末，Ⅱ期は5世紀前葉～中葉，Ⅲ期は5世紀中葉～後葉，Ⅳ期

31

は6世紀前葉〜中葉にそれぞれ比定できる。

3 形象埴輪について

古市古墳群内での形象埴輪の出土は，まれに水鳥・家・人物・馬形埴輪がみられるが，ほとんどが盾・衣蓋（きぬがさ）・靫形埴輪などの器財埴輪である。

盾や靫形埴輪では大まかな変化がたどれる。盾形埴輪は鋸歯文で飾られた大型のものから，直弧文で飾られた小型のものへと変化していく。靫形埴輪も大型から小型への変化と，文様の簡略化がみられる。

形象埴輪の種類は，一般に大型古墳ではバラエティーに富むが，中小規模の古墳では蕃上山古墳・青山4号墳・野中古墳・茶山1号墳で多様な構成をみせる。とくに青山4号墳と茶山1号墳は，埴輪の構成が酷似している。

形象埴輪は出土量は少ないが，種類が豊富であり，当時の生活復元に果たす役割は大きい。表現方法も画一化されておらず，形象埴輪からの古墳の編年は早急にはむずかしいと思われる。

4 埴輪窯について

大阪府下では現在，7ヵ所で埴輪の窯跡が発見されている。古市古墳群内にはそのうちの3ヵ所がある。仲津姫陵古墳の東南に築かれた土師の里埴輪窯跡群，墓山古墳の東に存在する誉田（こんだ）白鳥埴輪窯跡群，そしてもう1ヵ所は，仁賢陵古墳の外堤に接する形で構築されている野々上埴輪窯跡群である。

土師の里・誉田白鳥の両窯跡群からは，Ⅲ期にあたる外面にヨコハケの施された埴輪が出土している。野々上窯跡群からは，Ⅳ期に属する埴輪が出土している。

これらの窯跡からの埴輪の供給先であるが，野上丈助氏は「特殊な手工業の発達」[7]で，土師の里の窯跡群からは古市古墳群内の北群のグループへ，誉田白鳥の窯跡群からは南群のグループへそれぞれ供給したとされている。一瀬和夫氏によれば，野々上の窯跡群は仁賢陵古墳の外堤に接近して築造されている点で，仁賢陵古墳に供給した可能性が強いとしている[8]。

近年，理科学的な方法で産地を同定する蛍光X線分析による研究が進められている[9]。三辻氏によれば，土師の里・誉田白鳥の窯跡群の埴輪は，高槻市の紅茸山古墳や東大阪市の山賀古墳の埴輪

と一致し，野々上の窯跡群のものは，東大阪市の塚山古墳の埴輪と一致するとされている。そして仁賢陵古墳の埴輪は，堺市の梅町の窯跡から供給したとされている。

しかし，これらは理科学的な方法の1つによるもので，肉眼による胎土の観察，あるいは製作技法などからまだまだ検討がなされなければならないだろう。

5 まとめにかえて

本論では，古墳時代中期を代表する古市古墳群をとりあげ，埴輪から古墳の編年を試みた。

埴輪は形が普遍的で，多量に使用されているため入手しやすく，確かに古墳の編年には有効な手段の1つである。埴輪の研究が進んでいる現在，埴輪の編年はほぼ確立され，古墳の新古は決定できるようになった。しかし，地域や古墳群によって製作技法にかなり差がみられるなど，残された問題は多い。

古墳の編年は，立地条件，外部・内部構造，副葬品，埴輪から総合的に研究がなされなければならない。しかし，現在のところ，このほとんどが明らかにされていない現状のもとでは，埴輪による編年がやはり最も有効な手段といえるのではないだろうか。

註
1) 川西宏幸「円筒埴輪総論」考古学雑誌，64—2，1978
2) 赤塚次郎「円筒埴輪製作覚書」古代学研究，90，1979
3) 註1)に同じ。1次調整のタテハケの後，施された断続的なヨコハケ（工具が器壁からはなれる）をさす。ハケメ同士の切り合いがみられる。
4) 三木精一「野中宮山古墳の埴輪」古代学研究，80，1976
5) 註1)に同じ。工具を器壁から離さず，止めながら施すものをさす。止めた痕跡が条線で残るもの。
6) 註1)に同じ。Ⅴ期に属する最下段タガにみられる断続ナデ技法にあたるものと思われる。
7) 野上丈助「特殊な手工業の発達」日本民衆の歴史，1，1974
8) 羽曳野市教育委員会『古市遺跡群』Ⅲ，1981
9) 三辻利一『古代土器の産地推定法』考古学ライブラリー，14，1983
   同『大阪府下埋蔵文化財担当者研究会（第8回）資料』1983

埴輪の再利用

羽曳野市教育委員会
笠 井 敏 光
（かさい・としみつ）

埴輪の再利用には棺，井戸，埴輪敷，埴輪室などがあり，古墳
に樹立されてのち1世紀余りですでに埴輪が抜き取られている

埴輪は本来，古墳の周りを飾り，隔絶・示威・聖性・政治・確認などを表示するものとされている。この埴輪が時として古墳以外で発見されることがあるが従来あまり注意されていない。そのほとんどが「管状」の円筒埴輪をそのままの形，もしくは割って用いている。

古墳樹立以外の目的で焼成された埴輪棺などの例も散見するが，その多くは古墳から抜き取ってきて再利用したものである。一見，ありそうにないこのような行為が実は少なくないのである。

以下に掲げる諸例から，何故に再利用されるのか検討するのが小稿の目的である。

1　埴輪棺

埴輪を人体埋葬の棺に用いるものである。一般に「埴輪円筒棺」などと呼ばれているもののうち，橋本博文氏の分類[1]によって大きく二者にわけると，ひとつはここで取りあげようとしている本来，「古墳に樹立されるべき埴輪」を用いて棺とするもの，他者は棺用に製作された埴製品で，前者を埴輪棺，後者を円筒棺として区別している。氏によってこの両者の検出例が掲げてありそれを見ると，計177例のうち円筒棺が27例余りで，他の150例が埴輪棺となっている。つまり，棺として用いうれるそのほとんどは本来，古墳に樹立されるべき埴輪を転用して棺としていることが明らかなのである。

ここで，埴輪棺の一般例について概略すると，用いられている埴輪の多くは円筒埴輪と朝顔形埴輪で，棺身には円筒埴輪，そして開いたところを欠いた朝顔形埴輪を主として用い，小口の蓋にはよく朝顔形埴輪の開いたところが使用される。埴輪に付随するスカシ孔には棺内への土砂流入防止のため，別の円筒埴輪片や形象埴輪片，もしくは小石で覆う。

その出土位置の多くは，古墳墳丘中腹および裾，周堤など古墳の周辺部に集中する。棺は土壙状の空間をつくりその中に直接置くことが多く，

副葬品を持つ例は極めて稀である。それ故に棺の埋葬年代を決める根拠がなく，埴輪の製作年代に近い時期を想定している例が多い。

埴輪棺に用いられている円筒埴輪が厳密な意味で古墳樹立後，抜き取って来て再利用したと思われる実例を次に見てゆきたい。

まず，大阪府の東南部に分布する古市古墳群において羽曳野市茶山遺跡例を掲げる。

茶山遺跡は，誉田山（応神陵）古墳の東の低位段丘上に拡がる弥生時代から奈良時代までの複合遺跡である。すでに主要な調査が7回行なわれ，その概要が判明している。つまり，誉田山古墳のまわりに点在する小古墳，そしてその間を埋めるように見つかった埴輪棺，飛鳥時代から奈良時代にかけての異常なほどの土師器の出土など，一般の集落遺跡とは趣きを異にするその様相が知れるのである。

1983年に羽曳野市教育委員会が行なった調査例[2]では，驚くべき事実が明らかになった。約500m²の範囲の中で小古墳の周辺に7基の埴輪棺が検出された。茶山1号墳と呼んでいる一辺10m余りの方墳の北東に5基，西に2基位置している。埋置にあたっては特別な施設を伴わず，棺の大きさの墓壙が掘られ埴輪棺を設置する。スカシ孔は埴輪片もしくは小石をもって被覆する。長さが明らかなもののうち4基は平均して200cmを測り，大人を充分に収めることができ，うち1基は100cmにも満たないもので，小人用や改葬の可能性を含んでいる。

この埴輪棺群の最大の特徴は，ひとつの棺が時期の異なる埴輪をもって構成されていることにある。埴輪棺1に使用されている埴輪のひとつには，有黒斑で四角形のスカシをもつ古い型式のもの，それと組みあっているものは6世紀に入ろうかと思われる新しい型式のもので，両者の間は少なくとも1世紀以上の隔たりが存在する。このようなことが他の棺においても見られるほか，構成されている埴輪と副葬品と思われる土器との間に

同じく1世紀以上の時間が横たわっている。これらの棺に最も多く使われている型式の埴輪は，口縁部に幅の広い突帯をもつ「誉田山（応神陵）古墳タイプ」のもので，埴輪の基部（最下段）はすべて欠失していることから，古墳から抜き取って使用した公算が強い。また古い型式の埴輪も周辺の二ツ塚古墳などから集めた可能性がある。このことをより確かにする例証に，調査区と誉田山（応神陵）古墳との間に東馬塚古墳という一辺10数mの方墳があり，市教育委員会による調査[3]によって，古墳をめぐるはずの埴輪が「歯抜け」の状態で平均して4mもの空白が存在することが明らかとなっている。

次に百舌鳥古墳群中多くの埴輪棺で著名な堺市土師遺跡の例をあげておこう。土師遺跡は，ニサンザイ古墳の南西にあたり，堺市教育委員会の長年にわたる調査でそのようすが明らかにされようとしている[4]。

1975年に行なわれた68・72地区において10基以上の埴輪棺が大溝や土壙状の中から検出された。この大溝は集落の中を流れていたもので，調査担当者は百舌鳥古墳群の大王陵築造終了にあわせて他へ移住した後に，6世紀前半に棺を埋置したものと考えている。これらの埴輪棺を構成している埴輪には明らかに異なる特徴を見いだすことができ，市教育委員会の御教示と実見したところによると，ニサンザイ古墳・平井塚古墳・日置荘窯のものであろうことが確認できる。

以上のほかに，埴輪棺とそれを本来保有していたところが明らかな例を数例，掲げておく[5]。まず，古市古墳群の範囲にある土師の里遺跡85-2区の埴輪棺は仲津山（仲津媛陵）・唐櫃山古墳から，また同79-1区にあたる道端古墳周辺内の3基の埴輪棺は同古墳よりもたらされたものと思われ，これらに共通する項目として多くの埴輪の最下段が欠損していたり，異なる時期の埴輪を組み合せていること，また副葬品のある79-1区の3号棺は6世紀末頃の年代であるにもかかわらず，使用されている埴輪はその埋葬時期より1世紀も古いものというように，先述した茶山遺跡例と同様の姿が読みとれるのである。

2 埴輪井戸

円筒埴輪を用いて井戸側とする例が見られるので紹介したい。

まず，大阪府南河内郡美原町に所在する太井遺跡は西除川と東除川に挟まれた丘陵に立地し，史跡黒姫山古墳の南西に位置する。古墳時代には黒姫山古墳を中心に太井古墳群と呼ばれる数基の小古墳が散在する。

井戸は1986年に（財）大阪文化財センターが道路建設に伴って行なった第2調査区から検出された[6]。古墳時代の小方墳および埴輪棺が築かれた後，このあたりは飛鳥時代の掘立柱建物を中心にした集落に変貌する。その集落に伴って見つかった。直径1m，深さ5.5m以上の掘方の中に，直径50cmほどの円筒埴輪が4段以上積まれ井戸側としていた。埴輪と埴輪の接合部分およびスカシ孔のところには別の埴輪片をもって塞いでおり，井戸の上部埋土の中から飛鳥時代の須恵器杯・蛸壺，土師器の皿・杯・甕などが出土しており，この時代に埋まったものと思われる。

取りあげた上2段分の埴輪は外面に縦方向のハケ調整だけで，二次調整は行なわず内面は荒い横方向のハケ調整を行なうところから，5世紀末〜6世紀初の製作年代が与えられる。

1段目は円筒埴輪で，下半を欠損しているが口縁部を完全に残すもので，タガの間が非常に狭く，スカシ孔がその間いっぱいに穿たれている。このスカシ孔はあらかじめコンパス状工具によってその穿孔位置が線刻されており，1個所で穿孔位置を変更したためにコンパス文が残されているところがあり，スカシ孔の設計がわかり興味深い。

2段目は鰭付円筒埴輪で，口縁部を欠くが他は完周している。タガ間は1段目と同様に狭く，平面形は楕円形をしており，コンパス文も同様に確認される。

これらの埴輪の特徴から，先述の土師遺跡3号埴輪棺の円筒埴輪と鰭付円筒埴輪のセットと酷似したものであることがわかり，日置荘田中所在古墳，丹上遺跡，真福寺遺跡からも類例があり，堺市の調査による日置荘埴輪窯から供給されたものであると考えられる。それでは，太井遺跡の井戸側に再利用された埴輪を保有していた古墳があるのだろうか。

黒姫山古墳は，従来古市古墳群と百舌鳥古墳群の中間にあって1基だけの独立墳と考えられて来た。しかし実際には，黒姫山古墳を囲むようにして6基の古墳が存在しており，中でもさば山古墳

は全長 28m の周濠を有する帆立貝式古墳である
ことが明らかになった。

太井遺跡の調査区で検出された小型の方墳は，
出土した須恵器から 5 世紀後半に築造されたもの
であることが明らかとなった。だが，これらの古
墳は埴輪を保有しないもので，井戸側への再利用
は考えられない。

そこで，地元調査や字図などの検討によって太
井遺跡の南に申山と呼ばれる古墳があったことが
推定された。この古墳には埴輪が存在しており，
日置荘窯からの供給が考えられなくもない。

以上，黒姫山古墳のまわりに 10 数基の小古墳
が存在していた古墳時代が終わり，飛鳥時代に掘
立柱建物を中心とした集落が営まれ，それに伴う
井戸の井戸側に埴輪の再利用が指摘でき，保有し
ていた古墳の推定は定かではないが焼成した窯が
判明していることを述べた。

同様の例が百舌鳥古墳群中の土師南遺跡に見ら
れる。土師南遺跡は，ニサンザイ古墳の南西に広
がる土師遺跡の南に位置し，土師廃寺や小古墳群
が周辺に散在する。

調査は， 1983 年から堺市教育委員会によって
行なわれ[7]，古墳時代の溝・土壙，奈良時代の土
師廃寺に関わるものが明らかになった。

その中で直径 70cm，深さ 120cm の井戸の中
から直径 40〜50cm の円筒埴輪を 2 段以上積ん
で井戸側とした例が見つかった。完全に残ってい
る下一段は口縁部を下にして置かれ，2 段目の埴
輪がその中にこわれて入っていた。埴輪の接合部
分とスカシ孔には別の埴輪で塞がれており，太井
遺跡例と同様のあり方を示している。井戸側の中
から須恵器，土師器が出土しており，6 世紀中頃
の時期が想定されている。この井戸側に再利用さ
れた埴輪はその手法から近くにあるニサンザイ古
墳の可能性が大きい。

3 埴 輪 敷

埴輪を割って横穴の中に敷く例を掲げよう。ま
ず，奈良市山陵町にある狐塚 2 号横穴の例であ
る。狐塚横穴群は平城京域の北方，京都府に近い
神功皇后陵古墳の北に位置する。

奈良市北部から京都府南部にかけては多くの横
穴が知られている。調査は 1984 年に奈良市教育
委員会が行ない[8]，3 基の横穴を確認し，その中
の 2 号横穴に埴輪が敷かれていた。

玄室の平面は長方形で幅 1.8m，長さ 3.8m を
測り，陶棺が 2 個体置かれていた。陶棺を除き床
面を精査したところ，40cm 下で埴輪片を敷いた
横穴構築当初の面を検出した。

埴輪敷は，円筒埴輪を破砕して敷いたもので，
個体別のまとまりをもっており，この上面から須
恵器の杯・高杯，土師器片，金環が出土した。つ
まり，陶棺設置と玄室内拡張のため土砂によって
整地されたと考えられる。敷かれていた円筒埴輪
は直径 30cm， 高さ 50cm ほどの 4 段からなる
もの 9 本から構成され，外面は縦ハケメの後，横
ハケメを施すものである。

横穴が構築された時期を，床面出土須恵器から
比定すると 7 世紀初頭前後となり，埴輪の製作年
代とは 1 世紀以上の隔たりがある。元来保有した
であろう古墳は，それほど大きくない周辺の古墳
が候補となろう。

このような，横穴の床面に埴輪を敷くものとし
て有名なものに，狐塚横穴群の南東200m のとこ
ろにある歌姫町赤井谷横穴があげられる。1954 年
に調査されたもので，幅1.8m，長さ 5.5m を測
るところに陶棺が 2 個体置かれ，その床面には入
口を除いて全面に埴輪片が敷きつめられていたと
報告されている[9]。

以上，埴輪敷を行なう横穴は奈良市北部に限ら
れるばかりでなく，この付近には，多くの古墳，
そして陶棺と埴輪棺の集中した分布も示している
ことは何を意味するのであろうか。

4 埴 輪 室

埴輪片を再利用して室をつくり蔵骨の機能を果
したのではないか，と考えられている遺構が南河
内郡美原町の真福寺遺跡から見つかった。

真福寺遺跡 は黒姫山古墳の北東に拡がる遺跡
で，先述した太井遺跡と接している。調査は 1982
年から継続して行なわれており，埴輪室は第 4 調
査区の奈良時代の面で検出された[10]。奈良時代の
掘立柱建物，井戸，火葬墓と共にみつかり，火葬
墓と思われる長さ 1.7m，幅 70cm の楕円形で中
に木炭が満ちていた土壙のすぐ隣りから埴輪室は
検出された。

埴輪室は， 長さ 70cm， 幅 60cm の土壙の内
部に 2 種類の時期が異なる円筒埴輪を利用したも
ので，先の火葬墓で焼かれた人骨を蔵するもので
はないかと考えられる。埴輪の特徴から日置荘

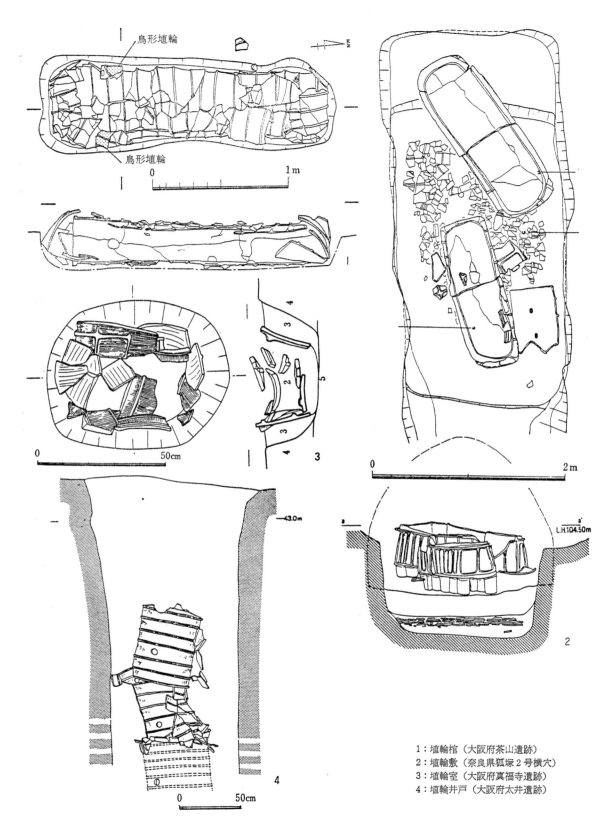

埴輪の再利用の例

窯で焼成されたものと思われる。

5 その他

埴輪片がよく竪穴式住居の中から見つかることがあり，時にはカマド材として再利用されていることがある。その一例として千葉県柏市船戸にある花前I遺跡があげられる。この調査は，常磐自動車道建設に伴って（財）千葉県文化財センターが行なったものである[11]。竪穴住居の時期は，出土した遺物から，V期（9世紀後半～10世紀前半）の年代が与えられている。

埴輪は，円筒埴輪で下総型以前（6世紀中）のものと下総型（6世紀後）の時期の異なる古墳から抜きとってきたことが考えられる。今後，住居址内の埴輪についても注意を要する。

6 おわりに

埴輪の再利用には主に円筒埴輪が用いられた。とくに棺および井戸にはそのまま利用するので，さらに直径50cm以上，長さ1m以上という条件が加わる。この場合，埴輪と埴輪の接合部およびスカシ孔の部分には別の埴輪片をもって覆うなどの処置が行なわれ，筒としての中空を確保しようと努力している。破砕して再利用する他の場合も含めて，木・土・石などの代用品として用いられている。

次にその分布をみると，古市・百舌鳥・佐紀と呼ばれる大古墳の所在する古墳群に集中する。とくに円筒埴輪をそのまま利用する棺・井戸の場合，人体を収めたり，水を保つ機能上からも大古墳の大型埴輪が必要であった。埴輪敷を行なっている横穴もこの分布に符合し，併せて陶棺や埴輪棺の分布ともよく重なっている。これらの地域は，「土師氏四腹」の里として位置づけられ，その性格を担っているものと理解したい。

さて，埴輪製作の時期と再利用の時期について検討したい。埴輪の製作時期は周辺の古墳・窯に規定され，4～6世紀と年代に幅をもっている。再利用の時期は6世紀後半から奈良時代の間になり，製作と再利用の時期幅が最も狭い土師南遺跡の井戸例から2世紀以上の幅をもつ真福寺遺跡の室例まで存在するが，平均して1世紀以上隔っていることがわかる。このことは，埴輪が古墳に樹立され祭式を終えた後1世紀余りで，すでに埴輪が抜き取られている状況を表わすとともに，この

ころまで埴輪が樹立していたことを示している。

元来，保有していた古墳が明らかになりつつあるが，日置荘窯から供給された古墳が判明せず，窯からの直接利用も考えられる。

最後に，埴輪は古墳に樹立されてこそその意味があるのであり，その再利用をもってその真意を計ることは難しいことであった。同様のことが墓を飾る瓦にも言えることで，瓦を用いた基壇，石室など副次的な意味しか保有しない。

つまり，埴輪は古墳にあってこそ埴輪の役割を果すのであり，他に再利用される場合はその筒としての中空，石・木・土の代用にしかすぎない。

物にはそれぞれの位置における役割があるということだろうか。

註

1) 橋本博文「円筒棺と埴輪棺」古代探叢，早稲田大学出版会，1980

2) 羽曳野市教育委員会「茶山遺跡」古市遺跡群V，1984

3) 羽曳野市教育委員会「茶山遺跡」古市遺跡群III，1982

4) 奥田 豊ほか『土師遺跡49年度発掘調査概報』1975 ほか

5) 大阪府教育委員会「林遺跡」石川左岸幹線管渠築造遺跡群発掘調査概要・I，1986

6) （財）大阪文化財センター『太井遺跡（その2）現地説明会資料』1986 ほか

7) 堺市教育委員会『土師南遺跡現地説明会資料』1984

8) 奈良市教育委員会「山陵町狐塚横穴群の調査」奈良市埋蔵文化財調査報告書昭和59年度，1985

9) 奈良県教育委員会「奈良市歌姫町横穴」奈良県史跡名勝天然記念物調査抄報第12輯，1959

10) 大阪府教育委員会・（財）大阪文化財センター『真福寺遺跡―調査の概要―』1986

11) （財）千葉県文化財センター「花前I遺跡」常磐自動車道埋蔵文化財調査報告書II，1984

参考）（財）大阪文化財センター『河内鋳物師の周辺』1987

脱稿後，「土管」への利用例（加部二生「山王廃寺跡における円筒埴輪使用の土管状施設」『群馬考古通信』10，1984），「火葬墓」としての利用例（河内一浩「埴輪を伴出した土壙について」『花園史学』7，1986）を知り得たが本稿にいかすことができなかったことをおわびする。

文末ではあるが，お世話になった人々を掲げて謝意を表したい。（敬称略）

綾伸一郎・森村健一・白神典之・一瀬和夫・鋤柄俊夫・江浦 洋・伊藤雅文・山本 彰・河内一浩

古墳時代の黥面

大阪市文化財協会
■ 伊 藤 　 純
（いとう・じゅん）

日本の黥面は中国との交渉によって知りえた黥刑をもとにした可
能性があり，黥面埴輪の存在からみて 6 世紀代までは続いていた。

人物埴輪のいくつかには，顔にヘラ描を施すこ
とによって，黥面を表現したと思われるものがあ
る。また，『古事記』『日本書紀』などの文献史料
にも，黥面について記した個所がある。文献史料
が語る黥面と，人物埴輪から得られるイメージと
を重ね合せることによって，古墳時代における身
体的表象というようなことの一端について考えて
みたい。

その方法として，まず，文献史料によって埴輪
が存在した時期をも含む原始・古代の日本列島に
おける黥面について復元し，系譜などを考えてみ
たい。次に，考古資料である埴輪から描くことの
できる黥面のイメージを見ていきたい。

文献史料と考古資料という，全く性格の異なる
材料から，どのような黥面が復元できるだろう
か。

1　文献史料に見える黥面

（1）　日本の黥面

かつて，文献史料をもとに，古代日本における
黥面の意義・系譜について考えたことがある[1]。
詳しくはそれに拠られたいが，いくつかの点につ
いておさえておきたい。

これまでの多くの論者が，『魏志倭人伝』の，

　　　男子無大小，皆黥面文身，

という記事に引かれすぎているようである。「黥
面文身」をあたかも 1 つの熟語のように扱ってい
る論者が多い。古墳時代以降についても，時間の
隔たる『魏志倭人伝』を材料にし，しかも，黥面
と文身とを混同したままの立論が多い。日本の史
料で文身が見えるのは，『日本書紀』景行 27 年 2
月条である。武内宿禰の奏言の中に，

　　　東夷之中，有日高見国，其国人，男女並椎結
　　　文身，

とあり，「東夷」の人々の「文身」を描いている。
その後の史料では，8 世紀の「右京計帳」三条三
坊の戸主次田連福徳の不課口の男の中に「一人文
身」とある[2]。文身について記すのは管見のとこ

ろこの 2 つではあるが，いずれも「黥面文身」で
はなく，文身のみである。このような史料から，
顔に入墨するところの黥面と，体に入墨するとこ
ろの文身とは，異なる次元のものであるというこ
とをまずおさえなくてはならないであろう。

次に，黥面が存在した時期について考えてみた
い。黥面史料のあり方は，『古事記』では神武段
と安康段，『日本書紀』では履中元年 4 月・履中
5 年 9 月・雄略 11 年 10 月条の 5 個所である。
黥面史料は記紀が編纂された当時の現代史に近い
部分には見えず，より古い時代を示すと思われる
時期にのみ見られるのである。黥面史料のこのよ
うなあり方は，記紀の編纂に近い時期には，すで
に黥面が存在していなかったことを示しているも
のと思われる。

黥面の意味について，手がかりとなる史料を見
ていきたい。『日本書紀』履中元年 4 月条では阿
曇連が「国家」を傾けようとした罪に対して，黥
を課したことが記されている。雄略 11 年 10 月
条では，「菟田の人の狗」が「鳥官の禽」を噛み
殺したため，「菟田の人の狗」に黥して「鳥養部」
としたとある。黥面の意味を積極的に語るのはこ
の 2 つの史料のみである。少ない史料ではある
が，これらによるかぎり，黥面を記紀が編纂され
た当時をさかのぼる過去の習俗であるとする見解
や，ヤマトから離れた地の異習とする見解には従
いがたい。記紀の編者が刑罰として描く記事を出
発点として，黥面の意味を考えるべきであろう。
履中元年 4 月条や雄略 11 年 10 月条の黥面につ
いて「中国風の思想から説いた起源説話であろ
う。」[3] とする見解もあるが，やはり従いがたい。

さらに，黥面をしていることが確認できる氏族
を見ていきたい。『古事記』神武段には大久米命の
「黥ける利目」が見られる。『日本書紀』履中元
年 4 月条には阿曇連浜子の黥が，履中 5 年 9 月条
には河内飼部の黥が，『古事記』安康段では山代
の猪甘の黥が，『日本書紀』雄略 11 年 10 月条
からは鳥養部の黥が見られる。これらの氏族のう

38

ち，馬飼部・猪養部・鳥養部の3氏は特定の職掌を介してヤマト王権と関係づけられた部民であることが指摘できる。また，黥面が確認できる久米・阿曇・馬飼部・猪養部・鳥養部の5氏族の共通点として，ヤマト王権内における軍事面との係わりが指摘されている[4]。

（2） 口国の黥面

中国において黥面は，黥刑として見えるのである[5]。『尚書』などによると，周代以前から5刑として死刑・宮刑・荆刑・劓刑・黥刑が存在したことがわかる。前漢，後漢にも黥刑は存在し，下って晋代には逃亡した「奴婢」に対する黥についての細かな記述も見られる[6]。南北朝時代になると，南朝では晋律の影響が大きく[7]，やはり黥刑が存続していたようである。黥刑は梁代の515年に廃止されたことがわかる[8]。

一方，隋唐の律令体系は北朝のそれを踏襲しており，刑罰体系の中に黥刑は存在していないようである。梁代の515年に廃止されるまで黥刑の続いた南朝に比べて，北朝の流れをくむ隋唐には黥刑が存在しないということは注目すべきことである。

日本の黥面は，史料のあり方から，記紀の編纂に近い時期にはすでに存在していなかったであろうことを述べた。日本に黥面が存在した時期，中国では南朝で黥刑が確認できるのである。日本と中国で黥面の存在した時期に双方にまたがる事象は，いわゆる「倭の五王」の南朝との頻繁な交渉である。413年に東晋に朝貢して以降，宋からは8回の冊封を受け，南斉と梁からも冊封を受けているのである[9]。梁代の515年に黥刑が廃止されるのと時を同じくするように，日本側の史料にも黥面は出てこなくなるのである。日本の黥面は，「倭の五王」の中国南朝との交渉によってもたらされた知識の一部と考えることもできる。このように考えると，ある時期以降，日本で黥面が見られなくなる理由を，梁代の515年に黥刑が廃止されたことに求めることも可能である。

日本の律令制の手本となった隋唐の制度の中には黥面（黥刑）は存在しない。この事実が，『日本書紀』が語る阿曇連や鳥養部の黥面について，「中国風の思想から説いた起源説話」とする見解に従えない理由である。

大雑把ながら，文献史料によって日本と中国の

黥面について述べてきたことを次にまとめてみたい。

（1） 顔に入墨するところの黥面と，体に入墨する文身とは異なる次元のものである。

（2） 黥面が確認できる氏族は，特定の職掌をもつ部民であったり，ヤマト王権の軍事面との係わりなどが指摘できる。

（3） 『日本書紀』の編者は，黥面を刑罰と結び付けて描いている。日本の黥面は，中国南朝との交渉によって知りえた黥刑をもとにした可能性がある。

（4） 記紀が編纂された現代史に近い部分に黥面が現われないのは，中国南朝においても黥刑が廃止されたのと連動している可能性がある。

以上を念頭に置きつつ，考古資料が示す黥面のイメージを見ていきたい。

2 人物埴輪に描かれた黥面

人物埴輪の顔に施された線刻が，顔への入墨を表現しているという見方は，厳密には証明しがたいことである。また，顔面に彩色が施された埴輪は，化粧の表現で，黥面ではないということを証明することも不可能であろう。ここでは，線刻と彩色との違いに注目し，線刻＝黥面の表現という前提で論を進めることにする。

（1） 黥面埴輪の分布

管見によると，北関東から北九州まで，黥面埴輪の報告は33例ある。北関東から北九州というと，全国に万遍なく分布しているかのようであるが，それぞれの出土地点を地図上で示せば，かなりの粗密があることは明らかである。関東地方に8例，東海地方に1例，近畿地方に20例，中国地方に2例，九州地方に2例で，半数以上が近畿地方に集中している。このような分布傾向の粗密の背景には，形象埴輪が存在する時期の古墳そのものの分布や，形象埴輪をもつ古墳の分布と密接な関連が考えられるが，現状の資料を見るかぎり，近畿地方と関東地方に黥面埴輪が密に分布しているということは指摘できる。

また，1つの古墳・遺跡で複数出土している例，稲荷山古墳（28・29）・大賀世3号墳（14・15）・大園古墳（9・11）・石見遺跡（18・19）・大谷山22号墳（6・22）・井辺八幡山古墳（4・5・10・16）もあり注目される。

黥面埴輪一覧

A型：鼻の上に翼に施す，B型：顔の周りに環状に施す，AB型：鼻の上と顔の周りに施す，C型：顔全体に施す，
D型：目の下から頬に施す，E型：目の周りに施す

（2）　黥面埴輪の示す性別

33 例を一見 すると，積極的に女と判断できる表現のものはない。一方，顔面彩色埴輪では男女差が顕著でないことが指摘されている[10]。黥面埴輪のほとんどは男を表現しているように見える。黥面埴輪と顔面彩色埴輪のこのような差異は，当時の社会にあって黥面の頻度が，女に比べて男の方が高いことを反映しているのかもしれない。

（3）　黥面埴輪の「職掌」

堀切 7 号墳（2）・長原 45 号墳（13）・茨城出土（32）のものでは兜の表現があり，稲荷山古墳（29）では盾が表現されていて，これらの 4 つは明らかに武人と考えられる。石見遺跡（19）や洞山古墳（27）の頭上の表現も兜を思わせる。また，取手市（26）出土の胸の部分は胄を思わせる表現である。さらに，木下古墳（8）・大賀世 3 号墳（15）の頭上の表現も兜のように見えてくる。このように，33 例のうち，武人を表現しているものがかなりあることが指摘できる。顔以外の部分が判明している例が少ないので，黥面を武人特有のものと主張す

るつもりはないが，現状の資料では，黥面と武人との間には密接な繋りがあるといえる。

（4）　黥面の方法

黥面埴輪の一覧図は，黥面の表現方法の違いを念頭におき並べたものである。黥面の方法にはいくつかの型があったようである。

A型：（1～6）鼻の上に翼状に施すもので，6 例ある。

B型：（7～10）顔の周りに環状に施すもので，4 例ある。

AB 型：（11～20）鼻の上と顔の周りに環状に施すもので，10 例ある。A型のうち細片で，鼻の部分しか判明しないものでも，本来，顔の周りにも入墨が施されていて，この型に分類すべきものもあろう。

C型：（21～24）顔全体に施すもので，4 例ある。

D型：（25～30）目の下から頬にかけて施すもので，6 例ある。

E型：（31～33）目の周りをとくに強調するように施すもので，6 例ある。

出　土　地		黥面の型	引　用　参　考　文　献	図番号
洞山古墳	群　馬	D	松原正業『埴輪』東京創元社（1958）	27
桑37号墳	栃　木	D	『小山市史　資料編原始・古代』（1981）	25
（取手市）	茨　城	D	松原正業『埴輪』，市毛勲『朱の考古学』雄山閣（1975）	26
（茨城）		B	松原正業『埴輪』	7
（茨城）		E	三木文雄『はにわ』講談社（1958）	32
稲荷山古墳	埼　玉	D	埼玉県教育委員会『稲荷山古墳』（1980）	28
稲荷山古墳	埼　玉	D	埼玉県教育委員会『稲荷山古墳』	29
（東北・関東？）		E	三木文雄『埴輪の美しさ』アサヒ写真ブック 28（1958）	31
木下古墳	三　重	B	三重の考古遺物編集委員会『図録　三重の考古遺物』（1981）	8
供養塚古墳	滋　賀	A	1983.3.5　サンケイ新聞ほか	1
堀切 7 号墳	京　都	A	『アサヒグラフ』314 ほか	2
稲葉山古墳	京　都	E	島根県教育文化財団『山陰のはにわ』（1981）	33
石見遺跡	奈　良	A B	『奈良県史跡名勝天然記念物調査報告』13（1932）ほか	19
石見遺跡	奈　良	A B	島根県教育文化財団『山陰のはにわ』ほか	18
箸尾遺跡	奈　良	A B	橿原考古学研究所付属博物館『特別展　大和の埴輪』（1984）	17
大賀世 3 号墳	大　阪	A B	『東大阪市文化財協会紀要』1（1985）	14
大賀世 3 号墳	大　阪	A B	『東大阪市文化財協会紀要』1	15
長原45号墳	大　阪	A B	大阪府立泉北考古資料館『大阪府の埴輪』（1982）	13
林遺跡	大　阪	A B	大阪府教育委員会『林遺跡発掘調査概要』3（1981）	12
大園古墳	大　阪	B	高石市教育委員会『大園遺跡発掘調査概要』（1977）	9
大園古墳	大　阪	A B	高石市教育委員会『大園遺跡発掘調査概要』	11
打出小槌古墳	兵　庫	D	芦屋市役所『広報　あしや』493（1986）	30
井辺八幡山古墳	和歌山	A	同志社大学『井辺八幡山古墳』（1972）	4
井辺八幡山古墳	和歌山	A	同志社大学『井辺八幡山古墳』	5
井辺八幡山古墳	和歌山	B	同志社大学『井辺八幡山古墳』	10
井辺八幡山古墳	和歌山	A B	同志社大学『井辺八幡山古墳』	16
大谷山22号墳	和歌山	A	関西大学『岩橋千塚』（1967）	6
大谷山22号墳	和歌山	C	関西大学『岩橋千塚』	22
紀伊風土記の丘	和歌山	C	和歌山県文化財研究会『和歌山県埋蔵文化財情報』15（1981）	21
箭田大塚古墳	岡　山	A B	真備町教育委員会『箭田大塚古墳』（1984）	20
平所埴輪窯	島　根	A	島根県教育文化財団『山陰のはにわ』	3
立山 1 号古墳	福　岡	C	九州考古学会『北九州古文化図鑑』2（1951）	23
立山山13号墳	福　岡	C	八女市教育委員会『立山山13号墳』（1984）	24

一応，6つの型に分類したが，どこに入れたらよいのか迷うものがあるのは見てのとおりである。視点によっては各型の数に多少の出入が生じようが，A型・B型・AB型が共通の要素を具えていて，33例の中では，際立った特徴をもっていることは動かしがたい事実であろう。A型・B型・AB型の合計は20例となり，黥面埴輪全体の半数以上になる。しかも，20例のうちの8割までが近畿地方から出土しており，近畿地方に分布の中心があることがわかる。一方，近畿地方とともに黥面埴輪の分布が密な関東地方では，D型・E型のものが多い。このように，黥面の方法には大きな傾向として近畿型（A・B・AB）と関東型（D・E）が想定できそうである。

黥面埴輪の観察からイメージできそうなことは以下のようである。
　(イ)　現状の資料によるかぎり，黥面埴輪は近畿地方と関東地方に密に分布している。
　(ロ)　黥面埴輪は男を表現しているようである。
　(ハ)　黥面埴輪は武人の表現が多い。
　(ニ)　黥面の表現方法から，近畿型と関東型の黥面が想定できる。近畿型は鼻の上と顔の周りに施すといったように，際立った特徴が指摘できる。

3　まとめにかえて

　以上，文献史料と考古資料から考えてきた黥面についてまとめてみたい。
　日本の黥面は，過去の習俗やヤマトから離れた地の異習ではなく，『日本書紀』が描くように，刑罰の一部として考えるべきであると述べた。埴輪に表現された黥面が，すべて刑罰の結果を意味しているかどうかは証明しがたいが，刑罰以外の黥面が存在していたらしいこともイメージできる。
　文献史料から，黥面の氏族とヤマト王権の軍事面との係わりを指摘したが，これは黥面埴輪の示すイメージと矛盾するものではない。しかし，黥面埴輪をもつ古墳の墓主が，ヤマト王権の軍事面と係わっていたと主張するつもりはない。
　また，黥面の氏族と特定の部民との関係を指摘したが，これと黥面の型のどれかとを短絡的に結び付けるつもりも毛頭ないことはいうまでもない。
　なお，日本での黥面史料の消滅が，中国南朝の黥刑廃止と連動している可能性を述べたが，黥面

埴輪の暦年代観を踏まえると，6世紀代にも，黥面が引き続き行なわれていたことも考えられる[11]。
　文献史料と考古資料の双方から古墳時代の黥面について考えようと試みたが，満足のいく成果が得られたとはいいがたい。日本中世史の分野では，絵画資料を材料にして階級・身分といった問題と身体的表象の関連についての研究が進みつつある[12]。古代史・考古学の分野でも，中世史の新しい動きを視角に入れつつ，独自の方法を鍛えていくことが必要であろう。
　黥面をめぐって，文献史料と考古資料の双方に触れてはみたが，方法論の異なる分野の交流には，何より先に自らの拠って立つ方法論を鍛えなくてはならないことを強く感じた次第である。

註

1)　拙稿「古代日本における黥面系譜試論」ヒストリア，104，1984
2)　『大日本古文書』1巻487頁（『寧楽遺文』では上巻138頁）
3)　『日本古典文学大系　日本書紀』岩波書店，1967の頭注，補注の説明。
4)　直木孝次郎「門号氏族」『日本兵制史の研究』吉川弘文館，1968
5)　仁井田陞「中国における刑罰体系の変遷」『補訂中国法制史研究』東京大学出版会，1981
　　　以下，中国の法制史の理解については主にこれに拠る。
6)　『太平御覧』巻648刑法14
　　晋令曰，奴婢亡加銅青若墨，黥両眼，従再亡，黥両頬上，三亡，横黥目下，皆長一寸五分，広五分，
7)　池田温「律令制の形成」『岩波講座世界歴史』5．岩波書店，1970
8)　『梁書』武帝紀天監14年（515）正月条
　　詔曰，（中略）又世軽世重，随時約法，前以劓墨，用代重辟，猶念已瘳，其路已壅，并可省除，
9)　坂本義種「南北朝諸文献に見える朝鮮三国と倭国　―とくに外交記事を中心に―」『東アジア世界における日本古代史講座』3，学生社，1982
10)　市毛勲「人物埴輪顔面の赤彩色」『増補　朱の考古学』雄山閣，1985
11)　1)では文献史料から，6・7世紀代には黥面が存在しないと主張した。これに対して考古学の分野の方々から，黥面埴輪の暦年代観から問題があるとの批判をいただいた。史料上では見られなくなる黥面も，埴輪を材料にすると6世紀代でも続いていたことが考えられる。拙稿の一部を今回訂正したい。
12)　京都部落史研究所編『中世の民衆と芸能』阿吽社，1986，網野善彦『異形の王権』平凡社，1986　など

埴輪と中・小規模古墳

―長原古墳群の形象埴輪―

大阪市文化財協会
■ 桜 井 久 之
（さくらい・ひさし）

河内平野で中・小規模古墳でありながら大王陵と同等の大型・精
緻な形象埴輪を伴う例があるが，その被葬者像には注目されよう

中・小規模の古墳でありながら，大型・精緻な
形象埴輪を伴う，そうした事例が河内平野で続出
している。そのような埴輪の性格，古墳の性格を
追究することは，応神・仁徳陵古墳などに代表さ
れる大規模な古墳の整然たる埴輪のあり方と並ん
で重要な視点を拓くものとなるであろう。以下，
大阪市長原古墳群を俎上にあげてこうした点を検
討することとしよう。

1 長原古墳群の実際とその様相

長原古墳群は，大阪市の東南部に位置し，地形
的には古市古墳群の営まれている羽曳野丘陵から
北へと続く河内台地，その東縁部の低丘陵上にあ
る。時期的には川西宏幸氏の円筒埴輪編年[1]でⅡ
期とされる段階から，田辺昭三氏の須恵器編年[2]
の TK 10 段階までの期間（4 世紀末～6 世紀中葉）
に造営された古墳群であるが，後世の水田開発や
沖積作用によって埋没し，現在では地表にその姿
を止めない古墳群である。

長原古墳群 の 従前確認 された 古墳数は約 140
基，実数はこの倍以上と予測されている。しかし，
これらの古墳の大部分は一辺 15 m 以下の方墳で
あり，田辺編年 TK 73～TK 47 段階（5 世紀中
葉～6 世紀初頭）に集中的な造墓活動を行なってい
ることが知られている。地下に埋もれた長原古墳
群について，ここで全容を語ることは難しいが，
現状では次のような画期を経ていると考えられ
る。

まず，この古墳群の形成は，川西編年Ⅱ期の円
筒埴輪を伴う塚ノ本古墳（第 1 号墳），第 40 号墳，
一ヶ塚古墳（第 85 号墳）に始まる。このうち第
40 号墳は墳形・規模が不明であるが，塚ノ本古
墳は直径約 55 m の円墳，一ヶ塚古墳は全長約 45
m の前方後円墳とみられる。川西編年でⅢ期の
円筒埴輪を持つ古墳は検出されていないが，須恵
器の出現と呼応して小方墳の集中的な造営期をむ
かえる。さらに，田辺編年 MT 15 段階に至って

古墳の数は激減し，七ノ坪古墳（第 130 号墳）の
ような横穴式石室を主体とする前方後円墳が出現
する[3]。このような 推移をたどる長原古墳群であ
るが，中・小規模の古墳で構成されるにもかかわ
らず，多くの優れた埴輪を伴う古墳群として，調
査の開始された当初から注目されてきた。その中
でも七ノ坪古墳出現前の古墳にみられる形象埴輪
には，質・量ともに興味深いものがある。長原古
墳群は，後世の水田開発で埋葬主体が破壊されて
おり，副葬品などを通して被葬者像を追究するこ
とはできないが，それらの形象埴輪は本古墳群の
性格を語る重要な視座を与えている。以下，川西
編年Ⅱ期の円筒埴輪を持つ古墳を長原 1 期，川西
編年Ⅳ・Ⅴ期の円筒埴輪を伴う古墳を長原 2・3
期と呼ぶこととし[4]，各期の形象埴輪を概観する
過程で，長原古墳群および周辺地域の中・小規模
古墳の形象埴輪のもつ意義を考えて行きたい。

2 長原 1 期の形象埴輪をめぐって

まず，塚ノ本古墳から見て行くことにしたい。
本古墳は，長原遺跡調査会[5]，大阪文化財センタ
ー[6]によって，墳丘および周濠の西半が調査され
ている。調査時点では全長約 100 m の東向きの
前方後円墳と推測されたが，昨今の調査成果によ
れば円墳の可能性が濃厚となりつつある。本古墳
出土とされる形象埴輪はすべて周濠内から出土し
ており，原位置を止めていない。その形象埴輪に
は，家・衣蓋・靫・馬があるが，馬形埴輪は出土
状況から判断して本古墳に伴うものとは考え難
い。家形埴輪は高床の住居を表現したもので，屋
根，壁，裾台部のほか，柱と考えられる円筒状の
破片がある。この家形埴輪の全体像は復原し難い
が，個々の破片からこの埴輪が大型で精緻なつく
りであったことを知ることができる。裾台部の破
片にはその縁に沿ってヒダ状の装飾が見られるう
え，円筒状の柱は直径 9 cm を測るものである。
報告書内で衣蓋・靫としているのは，いずれも鰭

状飾で，鰭状飾の外形に沿って施される線刻が表裏にあるものを衣蓋，片面だけのものを靫と判断している。しかし，両者を別個体の埴輪と見るには，外形および施文法に類似点が多く，また衣蓋・靫の本体そのものの破片が1点も出土していないことを考え合せると，これらの鰭状飾は衣蓋や靫のものと考えるより，上記の家形埴輪に付属するものと考えた方がよいかもしれない。したがって，現状で塚ノ本古墳に伴ったと確言できる形象埴輪は家形埴輪だけと言うことになる。

第40号墳については，従来，長原遺跡城山地点と呼ばれ，楯形埴輪の転用棺が出土したことで知られている。この楯形埴輪棺は墳丘の裾部分に埋葬されたものであるが，楯面の長さが90cm，円筒部も含めた全高が130cm以上になる大型品で，基底部端を欠損している。棺としては不要な透孔の閉塞には衣蓋形埴輪の四方飾板の破片が用いられている。その破片から推測して大型の衣蓋形埴輪の一部と思われる。この第40号墳の墳形・規模については明確でなく，調査担当者との議論も不十分ではあるが，一辺15m以上の方墳の可能性がつよいと思われる。その一辺に埴輪列が検出されたが，その中にひときわ径の大きな円筒の基底部がある。器壁の厚さ，内・外面の調整法も他とは異なっており，形象埴輪の基底部，あるいは形象埴輪とセットになる円筒形埴輪と考えられる。したがって第40号墳の形象埴輪は，墳丘第1段目のテラスの埴輪列中にその一部が樹立されていたと見られるのである。

第40号墳の形象埴輪には，家・衣蓋・靫・楯・草摺(くさずり)・靫(さしば)があり，器種の多様さと併せて，幅3mに満たないトレンチ調査としてはその数量にも注目すべきであろう。家形埴輪は数個体分の破片があるが，塚ノ本古墳の家のような大型品となる確実なものはない。衣蓋の破片は他の器種に比べて多く見られ，5個体以上の衣蓋の存在が確かめられている。靫は鰭状飾の付いた板状の破片に円弧を線刻するものであるが，他の器種である可能性も考えられる。楯は基底部と楯面の一部を残すものだが，埴輪棺に用いられた楯と比べて小型で，楯面の文様構成も異なる。草摺も破片から見て，複数の存在が推定される。靫は近畿地方では極めて数の少ないものであり，また，靫と呼ぶことについては異論もあるところから，「靫状埴輪」と呼称されている。この靫状埴輪は，大阪府津堂城山古墳で出土したものがよく知られているが[7]，第40号墳出土の靫は，津堂城山古墳例に大きさ，形態とも近く，破片からみて2個体の存在が考えられる。

一ヶ塚古墳は前方部前端と周濠の一部が調査されている。地籍図をもとに全長約45mの前方後円墳と推定されているが，形象埴輪は前方部前面の周濠内から出土している。極めて限られた範囲内の調査ではあるが，豊富な数の形象埴輪の出土をみた。器種には家・衣蓋・靫・楯・草摺・水鳥・囲がある。また，円筒形埴輪，朝顔形埴輪は塚ノ本古墳や第40号墳にも見られたが，一ヶ塚古墳ではそれらに加え，基底部との間に鍔を持つ壺形埴輪が3個体以上出土しており注目される。

家形埴輪は5個体が確認されており，住居2棟，倉庫2棟，納屋あるいは住居と見られるもの1棟と理解される。住居2棟とするものは，屋根と壁面の破片であるが，屋根の破片は重厚なつくりで，壁面の破片とは同一個体とは考え難く，主屋の一部と思われる。壁面の破片は表に綾杉文や，崩れた直弧文と思われる線刻があり，倉庫や納屋とは性格の違いが感じられ住居の壁と考えている。2棟の倉庫はいずれも高床の建物を表現していると思われるが，一方は切妻造で屋根の押縁を線刻で表わし，他方は四注造で屋根に線刻は施していない。納屋あるいは住居かと思われるものは平地式の切妻造である。平入り形式で窓を持つことから住居の可能性もあるが，先の高床式切妻造の倉庫の方が大きく，屋根に線刻もないことから住居とは決めにくい。

衣蓋は四方飾板や笠部の破片が認められる。四方飾板は外形や施文法に津堂城山古墳例との共通点が多く見い出せる。靫と思われる破片は矢筒下部の直弧文の施される部分である。楯は外区に鋸歯文，内区に菱形格子目文をもつ。草摺は第40号墳のものとよく似ており，水平方向の平行線に区画される中に鋸歯文を線刻するものである。水鳥は頭部，脚部を欠き，また表面の摩滅が著しく，羽根の表現などは不明である。囲は壁面に平行する2本の突帯を巡らし，入口部分が鉤の手状に屈曲した外形を呈する。入口正面は線刻によって飾られ，上部には山形の突起が数個付いていたと思われる。壁面下端を欠くため，基底部分の形態は不明である。

以上，長原1期に属する古墳の形象埴輪につい

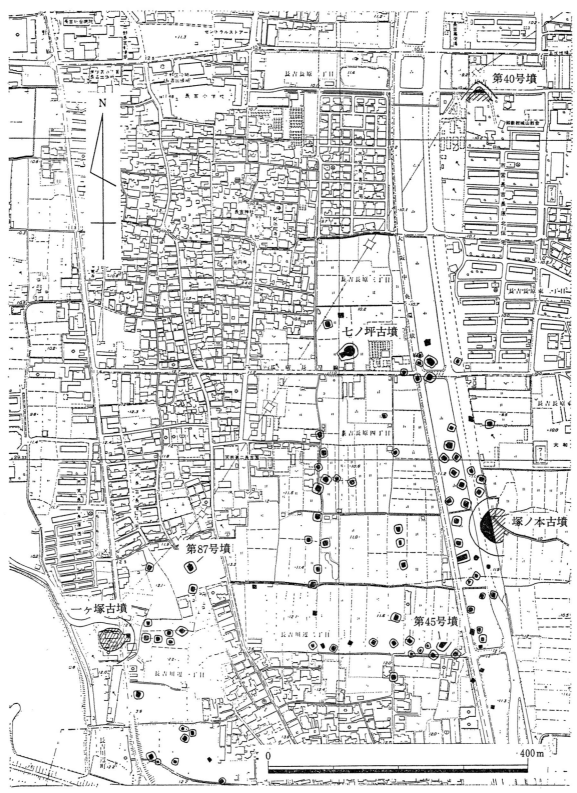

図 1 長原古墳群分布図

て概観したが，これら3古墳の相対的な前後関係についてはいま確実なことは述べ難い。しかし，円筒埴輪を比較した場合，塚ノ本古墳と第40号墳，一ヶ塚古墳とでは特徴的な違いが見られる。前者は器壁が薄く，細いタガが大きく突出しており，外面調整にタテハケ1次調整のみのものが多く，2次調整としては部分的なナデ調整が認められるに過ぎない。一方，後者には2次調整のヨコハケが顕著に認められるのであり，塚ノ本古墳が第40号墳や一ヶ塚古墳に先行する可能性を考えさせる。形象埴輪の器種構成を見ても，大型の住居1棟だけが確認される塚ノ本古墳よりも，家のほかに衣蓋・楯・靫・草摺などを揃えた第40号墳，一ヶ塚古墳が時間的に後続すると考えうることは言うまでもないことであろう。

それはさて措き，ここに注目されることは第40号墳，一ヶ塚古墳にみられる形象埴輪は，相前後する時期の大型前方後円墳，例えば津堂城山古墳[8]，奈良県室宮山古墳[9]，岡山県金蔵山古墳[10]などと比べて，器種構成のうえではとんど変わりがなく，しかも形態や法量から見ても遜色がないことである。出土量のうえでは，大型前方後円墳が優ることは確かであるが，墳丘規模の較差を勘案するならば，長原1期の古墳に見られる形象埴輪のあり方は，極めて特殊なものとして浮び上ってくる。

3 長原2・3期の形象埴輪をめぐって

長原2・3期は小方墳群が形成された時期である。それらの小方墳にも墳丘規模のうえで4m〜14mの較差が見られ，一部には造出しを設けた方墳もある。しかし，残念ながらこの時期の古墳にも形象埴輪の配置状況を確実に押えうるものが少ない。長原3期の第84号墳では墳丘の南隅に草摺が立てられていた。同じく3期の第87号墳では造出し上から草摺と巫女が，またその周囲の濠内から馬・鶏が出土しており，これらが造出し上に配列されていたことを予測させる。造出しを有する古墳でも形象埴輪が未検出という例もあるが，第87号墳のように円筒埴輪で囲繞した造出しの中に形象埴輪を樹立する姿は，前方後円墳の造出しに見られる形象埴輪の配置を意識したものと考えられる。また，明瞭に区別されるものではないが，小方墳も墳丘規模によってランク付けが可能であり，長原2・3期を通じて多種類の形象埴輪を揃

える古墳は，そのランクの上位を占める古墳であるという傾向を捉えることができる。

長原2期と3期の形象埴輪で器種構成上の大きな差は見られない。長原1期に見られた翳や囲は姿を消すが，そのほかの形象埴輪は承け継がれている。馬形埴輪は長原2期に姿を見せ，人物埴輪も出現している。長原2期の第11号墳では甲冑形埴輪が出土しているが，同じく2期の第45号墳では甲冑に人物の顔や首だけが表現されたものが出土しており，武人埴輪出現の過程を見ることができる。人物では第87号墳の巫女が比較的残りの良いものであるが，形態上また胎土組成のうえからも，古市古墳群内の埴輪窯で焼かれた可能性が高い。第87号墳，第131号墳に見られる馬は障泥や輪鐙を表現しており，第86号墳の馬はf字形鏡板を付け，胸繋の表現もされている。楯・靫についても古市の地から運び込まれたと推測されるものがある。長原2・3期に属する古墳は一辺15mに満たない小方墳であるが，古市古墳群の造墓集団と何らかのかたちで交渉をもった集団の墓と考えてよいだろう。

長原2・3期の古墳のように小規模な古墳でありながら形象埴輪を有する例は，近畿地方にあっては，大和川水系の河川流域の古墳に多く存在するように思われる。奈良県新沢千塚古墳群[11]は長原古墳群と同様に数百基にのぼる古式小墳によって構成されているが，各種の形象埴輪の出土が報告されており，また大阪府青山古墳群[12]は古市古墳群の範囲内に存在するが，多種類の形象埴輪を出土したことで知られている。このように形象埴輪を出土する中・小規模古墳が系列的に存在し，古墳群を形成していることは実に興味深いことである。

大阪府茶山1号墳[13]は応神陵古墳の東側に位置する一辺約11mの方墳であるが，多種多量の形象埴輪を出土したことで知られている。出土した円筒埴輪から応神陵古墳造営以後の古墳と見られ，応神陵の「陪塚」の1基と理解される。茶山1号墳の形象埴輪には，家・衣蓋・楯・靫・大刀・馬・水鳥・鶏・鷹があるが，靫が3個体，楯が4個体，水鳥が3個体という量の多さは注目されるところである。形象埴輪の個体数では長原古墳群の小方墳は茶山1号墳に対して劣勢であるが，一辺10m程度の小方墳で多種類の形象埴輪を持つという点で共通し，時期的にも併行する。しかし，茶

時期 埴輪	長原 1 期	長原 2 期	長原 3 期
家	塚ノ本・40号・一ヶ塚	28号・29号・79号・111号	4号・14号・84号・87号・113号
衣蓋	40号・一ヶ塚	12号・110号・111号・132号	4号・84号・113号
靫	40号	45号	
楯	40号・一ヶ塚	45号・111号	84号
草摺	40号・一ヶ塚		84号・87号
馬		111号	86号・87号・131号
鶏		29号・45号	87号
水鳥	一ヶ塚	77号	5号・14号
人物		45号・111号	4号・57号・87号・113号・131号
その他	40号（翳）一ヶ塚（囲）	11号（甲冑）	

表 1 長原古墳群形象埴輪共伴古墳一覧（1986 年 3 月現在）

山 1 号墳は大王陵の「陪塚」として存在し，長原古墳群は中・小規模の古墳だけで群をなして存在するのであり，その相違がそれぞれの被葬者の性格を考えるうえで注目される。

4 形象埴輪を伴う中・小規模古墳の性格

中・小規模古墳から出土する形象埴輪が，大型前方後円墳に比べて質的に劣るものでないことは，長原古墳群 1〜3 期の様相を見ても明らかであろう。また，形象埴輪の量的な問題についても，大型前方後円墳，例えば津堂城山古墳，応神陵古墳と長原古墳群の古墳との墳丘規模の隔絶した違いと比べた場合，長原古墳群での形象埴輪の出土量は大型前方後円墳より劣勢であるとして見過ごせるものでなく，十分評価すべきものと言うべきであろう。こうした中・小規模古墳の形象埴輪のあり方に注目した論述が高島徹氏によって行なわれている[14]。高島氏は大和と河内における形象埴輪成立期の状況を検討し，中・小規模古墳の被葬者が形象埴輪の成立に深く関与していたことを考えられた。氏はその根拠の一つとして，河内の大型前方後円墳で最初に形象埴輪を伴う津堂城山古墳に先行するか，ほぼ同時期に，河内平野に塚ノ本古墳，萱振 1 号墳，美園 1 号墳がみられることを上げている。その萱振 1 号墳の形象埴輪には，家・衣蓋・靫・楯・草摺があり，美園 1 号墳には家と壺がある。萱振 1 号墳は一辺約 25 m の方墳，美園 1 号墳は一辺約 7 m の方墳で，長原古墳群と同様，すでに主体部が削平され埋没する古墳であ

る。萱振 1 号墳の円筒埴輪は有黒斑で，外面の 2 次調整としてヨコナデを施すものとヨコハケを施すものが認められ，川西編年 II 期に属すると判断される[15]。美園 1 号墳も前期の枠内に収まると報告されている[16]。先に見た長原 1 期の古墳も川西編年 II 期であり，津堂城山古墳の造営と近い時期に河内平野において形象埴輪を樹立した中・小規模古墳が点在していたことが確認できる。しかし，高島氏が述べるような，中・小規模古墳が津堂城山古墳に先行して存在する可能性については，現状のデータからは引き出し難く思われるのである[17]。中・小規模古墳は大型前方後円墳で行なわれる形象埴輪の祭祀を範として，それに準じたかたちで形象埴輪の祭祀を催したのであり，そうしたなかにあって，大型前方後円墳に近いかたちでこうした埴輪祭祀を行ないえた中・小規模古墳の存在に注目しなければならないと思うのである。

長原 1 期の第 40 号墳の翳状埴輪や一ヶ塚古墳の衣蓋形埴輪が，津堂城山古墳の出土例と形態的に共通性が指摘され，法量のうえでも似通うことは先にも述べた通りであるが，萱振 1 号墳の靫形埴輪も大型・精緻な作りであり，大型前方後円墳に樹立されても何ら遜色のないものである。つまり，大王級の墳墓に用いられると同等の形象埴輪が中・小規模古墳に樹立されるという状況が，少なくとも河内平野においては見られたわけである。

大型前方後円墳の被葬者を頂点とするピラミッド型の階層社会を想定した場合，上記の中・小規模古墳の被葬者は上・中・下層のうち中層以下にランクされる者たちであろう。そうした階層構造のもとで，河内平野における中・小規模古墳の形象埴輪のもち方は破格とも言えるであろう。そうした古墳の被葬者像については一層の注意が払われるべきである。このことを考える場合の手懸りとして，先ほども触れた茶山 1 号墳の存在が注目される。茶山 1 号墳は一辺約 11 m の方墳で，応神

47

陵の「陪塚」と考えられるものであった。茶山1号墳の被葬者は大王と直接交渉を持ちえた人物と考えられ，そのため小方墳ながらも，多種多量の形象埴輪を伴うこととなったと理解される。こうした茶山1号墳の被葬者に見られる性格を，長原古墳群，萱振1号墳，美園1号墳などに当てはめて考えることはできないであろうか。これらの古墳は地理的には古市古墳群から数km離れるにすぎない存在であり，畿内の物資の大動脈である大和川水系によって結ばれており，古市古墳群の造営には少なからず関与したことが予測される。また，長原古墳群の存続期間は古市古墳群の造営期間とほぼ一致するうえ，中・小規模古墳だけで群を構成し，近接して大型前方後円墳が存在しないことも，そうした見方を助けるであろう。さらにこれまで見てきたように，長原各期の形象埴輪には大王陵のものに比肩するような例も見られ，しかも古市古墳群内の窯場からの搬入かと考えられる各種の形象埴輪が存在する。これらの諸点を考えると，長原古墳群，萱振1号墳，美園1号墳などの中・小規模古墳は大王権力によって直接的に掌握された在地的な集団である可能性が十分指摘できると思うのである。

　前・中期における中・小規模古墳の形象埴輪の姿を見てきたが，大王陵の営まれた大和，河内の状況は他地域とは異なる特例的なあり方と理解すべきであろう。中・小規模古墳であっても多種類の形象埴輪を樹立しうるものの評価については，今後さらに検討を加える必要があり，それが大王直属の支配機構の一端を明らかにするうえで意味を持ってくると思われる[18]。

　　註
1) 川西宏幸「円筒埴輪総論」考古学雑誌，64—2，1978
2) 田辺昭三『須恵器大成』角川書店，1981
3) 高井健司「長原七ノ坪古墳とその馬具」葦火，創刊号，1986
4) この長原古墳群の時期区分は，基本的に京嶋　覚「長原古墳群—まとめにかえて—」『長原遺跡発掘調査報告』Ⅱ，大阪市文化財協会，1982によるものである。円筒埴輪を伴わない古墳については，出土須恵器から判断し，TK 73～TK 208段階までを長原2期に，TK 23～TK 47段階までを長原3期とする。また，円筒埴輪と須恵器を伴う場合は，須恵器の編年的位置をより重くみた。例えば．長原第45号墳の円筒埴輪には川西編年Ⅴ期のものが含まれるが，須恵器はTK 73型式併行であり，第45号墳

は長原2期と考える。
5) 永島暉臣慎ほか『長原遺跡発掘調査報告』改訂版，大阪市文化財協会，1982
6) 中西靖人ほか『長原』大阪府教育委員会，大阪文化財センター，1978
7) 野上丈助『大阪府の埴輪』大阪府立泉北考古資料館友の会，1982
8) 天野末喜ほか『古市古墳群』藤井寺市教育委員会，1986
9) 秋山日出雄・網干善教『室大墓』橿原考古学研究所編，1959
10) 西谷眞治・鎌木義昌『金蔵山古墳』倉敷考古館，1959
11) 伊達宗泰ほか『新沢千塚古墳群』橿原考古学研究所編，1981
12) 渡辺昌宏「青山古墳群」『古市古墳群とその周辺』古市古墳群研究会編，1985
13) 笠井敏光ほか『古市遺跡群』Ⅴ，羽曳野市教育委員会，1984
14) 高島　徹「近畿地方の埴輪」考古学ジャーナル，253，1985
15) 萱振1号墳の埴輪については未公表であるが，調査担当者である広瀬雅信氏（大阪府教育委員会）のご好意により，実見することができた。また，本文中で埴輪の特徴を記載することについてもご快諾いただいた。この場をかりて御礼申し上げたい。
16) 渡辺昌宏「大阪府美園遺跡1号墳出土の埴輪」考古学雑誌，67—4，1982
17) 高島氏も述べるように，塚ノ本古墳，萱振1号墳，美園1号墳は主体部が削平されており，相対的な前後関係は埴輪によらざるをえない。円筒埴輪では，長原1期の第40号墳，一ヶ塚古墳と同様萱振1号墳にも外面2次調整にヨコハケが用いられており，津堂城山古墳と共通する。その点で萱振1号墳が津堂城山古墳に先行するとはいい難い。また形象埴輪から直接両者を比較できない現状では安易に答を出せないだろう。円筒埴輪に外面2次調整のない塚ノ本古墳や円筒埴輪を持たない美園1号墳は，津堂城山古墳に先行する可能性を残しているが，どちらも家形埴輪のみでほかの器種の形象埴輪を持たない。形象埴輪が総体として表現する埴輪祭祀の姿からすれば，家だけというのは，埴輪祭祀のエッセンスだけしか備えていないということになるのであって，形象埴輪成立においての主導性をこれら中・小規模古墳に求めるのは難しく思われる。
18) 小稿の作成にあたっては，野上丈助・一瀬和夫の両氏ならびに，（財）大阪市文化財協会の諸氏より御教示を得た。記して感謝したい。

古墳をめぐる木製樹物

奈良国立文化財研究所研究補佐員
高野　学
（たかの・まなぶ）

古墳に立て並べられる木製品には蓋形，盾形，鳥形などがあり
このような木柱列と埴輪列との間には密接な関連が指摘できる

　1965 年，横浜市の軽井沢第 1 号墳と 呼ばれる
1 基の前方後円墳の調査が行なわれた。現在では
古墳の全面発掘も珍しいことではなくなったが，
全長 26m ほどの小型の前方後円墳とは言え，周
溝を含めた古墳の全域の発掘に成功した貴重な調
査であった。

　ところでこの調査によって，墳丘の裾や周溝の
外縁 からは， 点々と並ぶ多数の小穴 が 検出され
た。これらの小穴は墳形に沿って並ぶ状況からみ
て，本来この古墳に伴うものと考えて誤りないだ
ろう。それぞれの小穴の間隔は不揃いではあるが，
墳裾の列，周溝外縁の列ともに，本来は古墳を囲
うように配列されていた状況が推測される。それ
ではこれらの小穴が一体いかなる性格をもつもの
であるのか，以下検討を加えることにする。

1　小穴列の発見

　この調査ののち 10 余年を経た 1979 年，京都
府今里車塚古墳の発掘は，軽井沢古墳にみられた
小穴列の性格について具体的かつ鮮明に説き明か
す成果をもたらしたのである。今里車塚古墳では
墳端にあたる葺石の根石に接して，4m 前後のほ
ぼ一定した間隔で立つ木柱列の痕跡が発見され
た。軽井沢古墳における小穴列は，まさに今里車
塚古墳と同様の木柱列の掘り方なのであった。

　軽井沢古墳のような古墳に伴う柱穴は，その検
出の困難さや，後世の遺構との識別の困難さの上
に，古墳の外部施設の一つとして永く意識されて
いなかったことから，現在までに確認できた例は
極めて僅少であると言わねばならない。しかしそ
の限られた資料の中にも，次のような注目される
調査例がある。

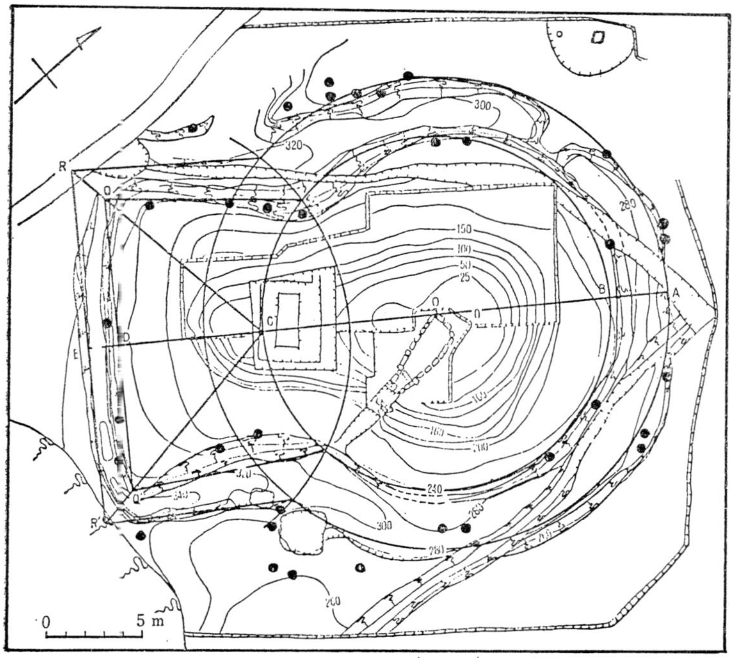

　大阪府玉手山第 9 号墳では，前方
後円墳のくびれ部付近の墳丘中段の
平坦面に，2.7m の間隔で並ぶ円筒
埴輪列が検出されている。円筒埴輪
の中間には径 50cm，深さ 40cm の
小穴が掘られており，柱の痕跡こそ
残していないものの，今里車塚古墳
と同様に木柱を立てるための柱穴と
見做すことができる。すなわち，玉
手山第 9 号墳では，円筒埴輪と木柱
とを交互に立てる埴輪・木柱列が墳
丘を巡る姿を復元できるのである。

　兵庫県五色塚古墳では墳丘東側の
中段平坦面から，5.3m から 6.0m
の間隔を置いて並ぶ径 40cm，深さ
40cm から 70cm の小穴が検出され
ている。径 16cm ほどもある柱の
痕跡をとどめ，さらに根固めの石を
置く小穴もあり，木柱を立てるため
の柱穴であることには疑いがない。
五色塚古墳では，隣り合うものと接

図 1　神奈川県軽井沢第 1 号墳の小穴列
（甘粕健ほか「全掘 された 前方後円墳—横浜市西区軽井沢古墳」科学読
売，1965—12 より一部改変）

49

するように，隙間なく立てられる鰭付の円筒埴輪列が墳丘を取り巻いている。柱穴列はこの埴輪列にごく接近し，墳丘に対して外側に配置されている。

京都府鴫谷東第1号墳では，墳丘裾を巡る円筒埴輪列の中に，1本の円筒埴輪に置き代るかたちで，一辺50cm，深さ110cmの方形の掘り方をもつ，径18cmの柱の痕跡が確かめられている。部分的な調査であり確認された柱穴の数は多くはないが，墳丘中段の平坦面と墳丘の裾には，埴輪・木柱列が巡らされていたことは明らかである。

鳥取県佐美第4号墳は，小古墳から成る古墳群の内の一円墳である。古墳のほぼ全域を調査したところ，周溝内から径14cmから30cm，深さ20cmほどの小穴17ヵ所が発見されている。小穴はすべて周溝内に位置し墳丘の外形に沿って並ぶことから，この古墳に伴うものと判断してよいだろう。周溝は山側にあたる墳丘の背面にのみ掘開されているが，小穴もこれに一致して墳丘の背面にのみ分布している。

岡山県両宮山古墳では，前方部の前面の外堤の一部が調査されている。外堤の中心よりはいくぶん墳丘に近い側に寄って，2ヵ所の小穴が3.9mの間隔を置きながら外堤と直交して並んでいる。上幅90cm，深さ115cmから139cmを測る方形の掘り込みである。柱の痕跡こそ確かめることはできなかったが，掘り込みの大きさや深さからは，鴫谷東第1号墳を凌ぐ相当な規模の木柱が立っていたと推測することができるであろう。土層断面によれば，小穴は外堤の築成の途中で穿たれ，掘り方はさらに盛土によって覆われているが，後からの盛土が木柱をつつみ込むように積まれたとすれば，木柱が抜き去られることなく外堤の完成後も引き続いて存在した可能性も十分に考えられることである。

以上のように，古墳に立てられた木柱の痕跡が今日確かめられつつある。これらの柱列は円筒埴輪列を伴うもの，また円筒埴輪列を伴うことなく木柱のみを立てるものの別がある。また円筒埴輪列を伴う場合には，円筒埴輪列の外側に接して巡るもの，円筒埴輪の列の中に位置し埴輪と木柱とで列を構成するものの2類型がある。被葬者や配置場所に応じて，その配列の方法が選択されたことと考えられる。墓域内での木柱列の配列位置については，現在までに墳丘中段の平坦面，墳裾，

周溝内，外堤からその痕跡が確かめられており，墓域の各所にわたっていたことが知られるのである。おそらく墳頂部平坦面や埋葬施設上への配列もなされたことと思われ，墳丘を幾重にも取り巻いて配されていたと考えることもできる。いずれにしてもその配列状況には，埴輪列との密接な関係が窺えるのである。

2　木柱列の性格

さてそれでは，このような木柱列の性格は一体どのようなものであったのか，限られた資料の内からその姿を具体的に復元してゆきたい。

今里車塚古墳では，径60cmもある円錐台形をした，重厚なつくりの笠形の木製品が，周溝の中から数点出土している。調査を担当された高橋美久二氏は，これを蓋を模した木製品と考え，墳丘を巡る木柱をこの支柱とする明解な説を示されている。氏の説く通りその形状はまさしく蓋に当てるにふさわしいものであり，これに今は失われている十字形の飾りを補えば，段違いにつくる裾の表現とも合わせて，かなり写実的な造形の意図を読み取ることができる。ちなみにこのような木製品を器物の台座と見る意見もあるが，下部を大きく抉り取る本例をみても，安定のための配慮はむしろ希薄であり，このような機能は考え難いのである。今里車塚古墳出土のものとよく似た蓋形の木製品が，古くは大阪府伝応神陵古墳を初めとして，奈良県伝飯豊陵古墳，同市尾墓山古墳，同黒田大塚古墳などでも知られている。

今里車塚古墳ではこの蓋形の木製品とは別に，小型の蓋形とも鳥形とも考えられる遺存状態の悪い木製品も発見されている。最近になって黒田大塚古墳でも鳥形を表現する木製品が出土しており，蓋形とともに鳥形の木製品も木柱の上に付けられていたと考えることができる。

さてここで問題になるのは，奈良県石見遺跡発見の数々の木製品である。この遺跡は1930年と1967年の二次にわたって調査された結果，一辺30mから40mほどのほぼ長方形を描くようにして，各種の形象埴輪，円筒埴輪とともに多数の木製品が，転落した状態で検出されるという大きな成果を得ることになった。木製品には蓋形と鳥形があり，両者の共伴関係が確かめられる貴重な遺跡である。しかしこの遺跡の性格については，祭祀遺跡，あるいは盛土を削り取られた古墳の跡と

する二説があることはよく知られている通りである。調査の成果がいま一つ詳らかでなく，また遺跡の部分的な調査に限られていることから，その性格については明証を欠いている現状である。もっとも遺物の出土状態と，その構成内容から復元される配列の状況，遺構の形状など，いずれをとっても調査部分を方形墳の周溝とすることに何ら不都合はないだろう。実体の不鮮明な埴輪を使用する祭祀遺跡よりも，古墳跡と考えておくことが現状では穏当と思われる。そうだとすると家形，蓋形，盾形，人物などの形象埴輪とともに蓋形，鳥形の木製品が，古墳の周囲に列を描いて立て並べられる状況を復元できるのである。なおこれらの木製品とともに長さ 1.8m 以上，径 8cm ほどの杭状の柱材が数本出土しており，木製品の支柱と考えることができる。

古墳の上に立てられる木製品として，いま一種類の板状の品がある。これも今里車塚古墳のくびれ部の墳裾において，柱穴内の木柱に接して墳丘の外側に立てられる幅 45cm，厚さ 3cm ほどの板材の遺存が確かめられている。何分にも土中に埋め込まれた基部のみが残っているだけで，上部の形状を知る手懸りは全くなく，わずかに盾形の木製品との推測がなされているに過ぎない。

ところがこのような板状の木製品の発見された古墳が，他にも存在していたのである。奈良県つじの山古墳では周溝の堆積土の最下層から，側縁に凹凸をもち，茎状の基部を有する左右対称の板状の木製品が出土している。現状での最大幅は33.2cm，長さは 130cm を測り，欠損する部分のあることを考慮すれば，その材がコウヤマキであることも合わせて，壮大につくられた製品であると言える。欠損，腐朽の著しいことから，全体の形状を復元することは極めて難しい。しかし茎状の基部と何らかの器物を表現したであろう上半部とに分けてみるならば，張り出しとくびれとの連続する独特な形状に気づくことができる。

ここであえてこのような輪郭をもつものを上げるとすれば，奈良，大阪を中心に分布する石見形と呼ばれる盾形とされる器材埴輪がこれに最も近いものであろう。この埴輪は一般的な盾形の埴輪とは大きく隔たる，特異な形状が広く知られている。この種の埴輪のうちで最古の部類の一つとして，奈良県今田第 2 号墳出土のものを上げることができる。左右に開く鰭と横桟をつける軸部の上

下は，さらに大きく鰭状に展開している。以降のものも工字状の鰭を中心にして，その上下に扇形に開く鰭を対向させており，張り出しとくびれとが連続する輪郭を見ることができる。

さらにいま一つ，これとよく似た輪郭を示す遺物が遠く九州に存在している。熊本県姫ノ城古墳発見の靫形とされる石製品の一部がこれである。工字状の突起に似た張り出しを挟んで，その上下は扇形に広がり，下部には茎状の基部がつく。高さは1.5mを超えており，素朴ながらも豪壮な印象を与えている。従来より靫を模した石製品と言われているが，中には靱形と見られる一品もあり，疑問の余地が無いわけではない。装飾古墳の壁画や埴輪に見える靫とも，あるいは後世の靫ともその形制の隔たりは大きく，本品を靫と考えるには無理があるように思われるのである。一方，その特長的な輪郭は，石見形と呼ばれる盾形とされる埴輪とも通じ合う点があるようにも見える。このような推測が成り立つとすれば，石見形盾形埴輪，つじの山古墳出土木製品，また姫ノ城古墳の石製品というように，その素材は異にしながらも，一連の形が共通して造られている点は重要である。さらに姫ノ城古墳では，支柱を伴う蓋形石製品も数点出土しており，両者の組み合わせが石製品群の中で大きな割合を占めていることは注目に値いするであろう。これは各素材によって造られる盾形の模造品と同様に，蓋の模造品も，埴輪，木製品，石製品として，各素材に共通してその製作が行なわれることを示しているのである。いまここで，蓋形，盾形の模造品を通して，埴輪の世界，木製品の世界，石製品の世界にそれぞれ共通し合う要素を見出すことができたのである。

なお，石見形の盾形埴輪が，真に盾の形を写したものであるのかという点についても，これに全く疑問がないわけではなく，上縁を半円形に刳り込むことなどを考慮すればあるいは靫を模した可能性も棄て切れない。これと同じかたちをとる実用の盾は，その材質からして無理からぬことはあっても，今のところ実際に確認された例がない。そればかりでなく，絵画などに現われる盾にも，これに近いものは全く見られないのである。また通常の盾とは著しく形制を違えており，系統上の関連を指摘することも難しいであろう。よって本品が，実物の盾を忠実に模作したものとするには，現状では躊躇せざるを得ない一面もある。む

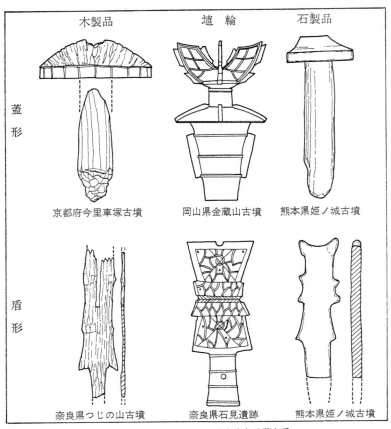

図 2 木・土・石によって表わされる蓋と盾

しろ実用の盾としては相応しくないその特異な形状からすれば，現物を模した一般的な盾形埴輪から，墳墓という日常を離れた場で機能するにふさわしい形にデフォルメされたものとも考えられるのである。実用の盾とは別に，改めて創案された墳墓防護のための盾と言うことができよう。

この他にも，上に木製品を頂くことなく，単に木柱のみを立てることも十分に考えられるであろう。奈良県石塚古墳の周溝からは加工された柱材が多数出土している。ただしともに出土した木製農具の存在を考慮すると，弧文円板，鶏形木製品を含めて，この柱材の石塚古墳への帰属について問題が無いわけではない。なお，これによく似た状況は滋賀県服部遺跡の周溝墓群にも見られる。いずれにしても新たな資料に期待するとともに，古墳周溝の調査の重要性を確認しておきたい。

3 樹立の時期

ここで木柱の樹立の時期について，検討を行なっておくことにする。この点についても，今里車塚古墳の周到な調査がもたらしたきわめて重要な成果が注目されるのである。すなわち，今里車塚古墳の木柱掘り方の埋土上には，葺石の根石が置かれており，これによって葺石の設置に先行して，木柱が立てられたことが確かめられたのである。おそらくは，周溝が掘削されその排土によって，第一段階の墳丘盛土を行なった時点で，あるいは墳丘の盛土作業が概ね終了した時点で，墳丘の整形と葺石の施行に先立って，木柱が立てられたものと考えられる。いずれにしても木柱樹立が埴輪の設置に先んじて行なわれていることはもちろん，墳墓造営のかなり早い段階で行なわれた重要な作業であったと言うことができよう。少なくとも墳頂部の方形区画を構成するような埴輪の設置が一般的にはその位置関係からして，埋葬施設の埋納後に行なわれていることを勘案すれば，墳丘埴輪列の設置も埋葬の終了後一斉に行なわれた可能性もある。

これを今里車塚古墳に当てはめてみると，次のような造墓作業と埋葬儀礼の過程を考えることができる。

　　（被葬者の死去）
1．墳丘築造作業の開始
2．墳裾木柱列の樹立
3．墳丘築造作業の終了
　　（被葬者の死去）
4．埋　葬
5．埴輪の設置

このように，今里車塚古墳の墳裾木柱列の配列が，埋葬に先行して行なわれたと考えられることはきわめて重要であり，被葬者の死亡時期や埋葬時期との時間的関係を確かめることが今後の課題である。なお鴫谷東第1号墳の柱穴も，隙間なく並ぶ円筒埴輪列の間にあるにもかかわらず，1mを超える深さに掘られており，埴輪の設置に先行して穿たれたものと見做せよう。ただしこの場合には，木柱の樹立から埴輪設置までの時間差は大きくなく，連続して行なわれた可能性が高い。

次に述べるように，木柱列と埴輪列との機能には，相通じるとも思える密接な関連が指摘できる。しかしその設置の時期については，時に大きな時間差をもつこともあり，両者の何らかの性格の差異を示していると考えられるのである。

4 木製品と埴輪の配列

次に木製品と埴輪の配列の方法を簡単に比較してみたい。蓋形埴輪の配列状況を窺うことができる例としては，わずかに岡山県金蔵山古墳，広島県三ツ城古墳などを上げることができる。金蔵山古墳の後円部墳頂の埋葬施設を囲う埴輪方形区画は，蓋形，盾形，靫形，短甲形埴輪，および円筒埴輪によって構成されている。このうち短甲形埴輪のみが列の外に接して立てられるほかは，すべて垣状に直線の上に並び，形象埴輪と円筒埴輪をもって一つの埴輪列を形成している。また三ツ城古墳の墳丘を巡る埴輪列では，蓋形埴輪が円筒埴輪列に接して立てられている。いずれの古墳でも蓋形埴輪は墳丘の要所に集中して置かれるというよりも，円筒埴輪列と緊密な関係をとりながら墓域を囲い込むように配列されているのである。

盾形埴輪もまた，金蔵山古墳のように，円筒埴輪とともに一つの列をつくることが本来的な配列の方法である。奈良県岩室池古墳でも，円筒埴輪列の中に相当数の盾形埴輪が含まれており，時期は降ってもこのような配列方法を見ることができるのである。

一方，木製品はすでに記したように，一定の間隔で墳丘を囲い込むように列をなして配置されている。また埴輪列の中に存在するもの，埴輪列に接して存在するものの別があり，ここでも円筒埴輪列との密接なつながりが指摘できるのである。このように蓋形，盾形埴輪の配列と，蓋形，盾形の木製品の配列には一脈通じ合うところがあり，その形状が相似る点をみても，両者のもつ性格には極めて強い関連が窺われるのである。

蓋形，盾形の形象埴輪は，家形，鳥形埴輪などとともに，他の形象埴輪，人物埴輪に先駆けて4世紀後半までには両者が相ともなうように出現している。この2種類の埴輪は形象埴輪の中でもとくに繋がりが深く，重要な機能を担う埴輪であることもまた明らかである。貴人の存在を象徴する蓋と，威力を誇示する盾とを組み合わせ，円筒埴輪とともに切れ目なく囲続することによって，墓域と外界との隔絶を図る目的が達せられるのである。墳丘を囲う木製品にもまた，これと同じ機能が与えられていたのであろう。

このような木製品の樹立は，一般的な形象埴輪を欠く玉手山第9号墳や，これに続く五色塚古墳でも存在が確かめられることから，形象埴輪の成立と時を同じくするように，あるいはそれに先立って発生していた可能性も十分に考えられる。

形象埴輪の成立以前には，実用の器物を墳丘に立て巡らしていた可能性を指摘する，注目すべき一説がある。埴輪による仮器化が図られる以前に，まず木製品が実物に代る仮器として用いられた可能性も考えておく必要があろう。形象埴輪によって体現される祭祀儀礼も，これに伴って形象埴輪の成立以前に溯ることも考えられるのであり，実用品から木製品，埴輪へと，用いられる儀具のかたちを変えながらも，一貫して引き継がれる一系統の儀礼として理解できるのである。各種儀財のこのような仮器化の過程は，いち早く仮器化のはかられた壺や器台とは異なっており，その性格なり役割の相違を読み取ることができよう。

実用の器物，またはその仮器によって墓域を画することは，弥生時代の墳墓には認められず，この点で古墳との間には格段の隔たりがあることは明らかである。器物の配列によって外界と区画することは，弥生墳墓とは異なる古墳としての機能達成のために，欠くことのできない要素の一つとして，古墳発生の当初よりその制は整えられていたのである。

以上のように古墳から出土する木製品についての紹介を行なってきたが，現在その資料はきわめて限られており，今後の資料の増加が大いに期待されるところである。小論の至らぬ点についてもいずれ改めて吟味してみたい。古墳に伴う木製品や柱穴の痕跡への注意を喚起して稿を終える。

小文の作成にあたっては，高橋美久二氏による「長岡京市今里車塚古墳の笠形木製品」『山城郷土資料館報』第3号，1985，に導かれるところが多かった。御高文を通じ多くの示唆を与えられた高橋氏に，心より感謝申し上げます。また，今尾文昭，岡本一士，木下正史，久野邦雄，菅谷文則，田口一郎，中井一夫，西口寿生，深澤芳樹，山崎栄の各氏は，多くの御教示と暖かい御援助を下された。御礼申し上げるとともに，御厚意を十分に生かせなかったことをお詫び申し上げたい。

特集●埴輪をめぐる古墳社会

埴輪点描

各地で話題となったすばらしい埴輪，そのなかでもとりわけ重要な3遺跡の埴輪。調査者たち自らの瑞々しい筆致で点描しよう

津堂城山古墳の埴輪／長瀬高浜
遺跡の埴輪／天王壇古墳の埴輪

津堂城山古墳の埴輪

藤井寺市教育委員会
■ 天 野 末 喜
（あまの・すえき）

津堂城山古墳からは形象埴輪や円筒埴輪が出土しているが，とくに水鳥形埴輪は全国最大でその初現を示すものとして注目される

　津堂城山古墳は，大阪府藤井寺市津堂に所在し，王陵の伝承をもつ巨大な前方後円墳を幾つも含むことで著名な「古市古墳群」の最北端に位置する大型前方後円墳である。墳丘長 208m，前方部幅 121m，後円部径 128m を測り，広大な二重の濠・堤をめぐらせている。

　明治 45 年，地元の人々が後円部頂の石材を掘り起こしたところ，竪穴式石槨に覆われた豪壮な長持形石棺が出現した。石棺の内外からは，鏡や鉄製武器をはじめとする多数の副葬品が出土した。これらの資料は，偶発的な出土という不安な事情を差し引いたとしても，ほとんど明らかにしえない大型古墳の内部を伝えるものとして，今なお高い学術的価値を有しているといえよう[1]。

　津堂城山古墳をめぐる最近の調査では，二重濠・堤，造出し，濠内墳丘など，主に墳丘外域施設に関する重要な事実が明らかにされた。同時に伴出した埴輪にも注目に値するものが含まれていた。

　ここでは，津堂城山古墳の築造時期を推定する有力な指標となる円筒埴輪

と，濠内墳丘に据えられていた巨大な水鳥形埴輪について報告するものとする。

1　内濠の調査

　昭和 58 年，藤井寺市教育委員会では，史跡環境整備事業の一環として，津堂城山古墳の東側内濠の調査を実施した[2]。

　この調査では，内濠に堆積した厚いピート層に

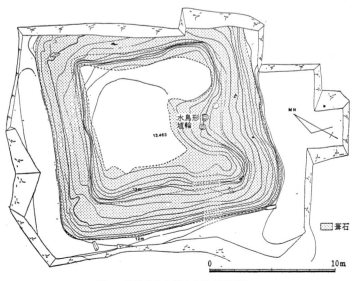

図 1　津堂城山古墳濠内墳丘平面図

表1 水鳥形埴輪法量表（単位 cm）

摘要	号	1	2	3
全高		109.4	107.0	80.0
全長		87.3	85.0	71.2
全幅		55.5	61.0	48.0
基台	長径	33.2	31.8	27.8
	短径	28.5	27.2	26.3
水鳥部	高	82.9	81.0	56.0
	長	87.3	85.0	71.2
	幅	46.0	42.0	36.0
	翼長	66.0	66.0	50.0
	尾長	15.0	15.0	15.0

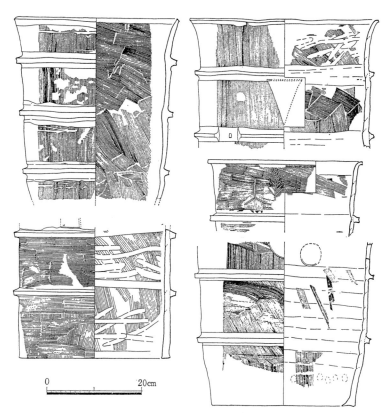

図2　津堂城山古墳出土円筒埴輪実測図

保護された墳丘・内堤の基底部の良好な遺存状況が確認され，古墳の形状や法量に関する基礎的なデータが得られた。さらに，従来知られていなかった造出しや濠内墳丘の存在が明らかになるという成果があった。

濠内墳丘は，一辺17m，高さ1.5m，二段築成の方墳状を呈し，斜面には河原石を用いた葺石が施されていた。南側斜面をU字形に窪ませ，その上辺近くに3体の巨大な水鳥形埴輪を東西に配していた。遺構の周辺はほぼ完掘したが，水鳥形埴輪以外には少量の円筒埴輪を検出したにすぎず，墳頂やテラスに多数の埴輪を配した形跡はない。しかし，北，西，南の隅角部には上方から転落したと考えられる長さ80～90cmの安山岩質の板状石が，また周辺の濠内からは多数の大小割板材が出土し注目された。この板材には，家や衣蓋形埴輪に付加される鰭(きぬがさ)状飾りを象ったものや，透孔を穿ったものが含まれ，水鳥形埴輪とともに墳頂を表飾した何らかの特異な施設の存在を予測させた。

2　水鳥形埴輪

津堂城山古墳から出土した形象埴輪には，完形に復し得た水鳥，衣蓋，「さしば状」の他に家，盾，靫(ゆぎ)形が知られている。ここでは水鳥形埴輪の観察を進めてみたいと思う。

水鳥形埴輪は，先述したように，濠内墳丘から原位置を保って検出された。復元法量は別表の通りである。いずれも一対の円孔を穿つ円筒形の基台の上に幅広い突帯をめぐらせ，これに蹼をもつ趾を置いて静止した水鳥を象っている。卵形の体部に粘土板による両翼を貼付し，五角形を呈する尾を付加する。丸味を帯びた胸にほぼ直立した円筒形の頸部を接合させ，中空の頭部に至る。両眼を半球形に窪ませ，嘴と頭の境界は不明瞭であるが，一見してガンカモ科の水鳥を模したことが明らかな巧みな作品である。

3体には，同一人物の作品かと思われるほど類似点が多い。胎土には1mm内外の砂粒を多く含む素地を用い，自重に耐えるよう乾燥時間を置きながら，8回以上の工程に分けて接合を繰り返す製作技法や，頭・尾・翼などの表現方法は全く共通しているのである。異なる点は大きさと頸部の長さの比率である。

この写実的な3体の水鳥形埴輪は，種の異なる水鳥を模したものか，同種の水鳥の成長過程の違いを表現したものか俄には決しがたい。ただ，大きい2体の水鳥形埴輪の体部は，コハクチョウのそれに近い法量を示す点に注意を払っておきたい。

ここで管見に触れた水鳥形埴輪の出土例を集成し，津堂城山古墳の出土例がどのような位置を占

めるものか探っておきたい。

水鳥形埴輪は全国で 59 箇所から 99 体の出土が知られている。完形に復されたものは数多くはないが，津堂城山古墳例を凌ぐ法量をもつものはないようである。その分布は北九州から北関東におよび，ほぼ古墳の分布範囲に重複する。明らかな前期古墳に伴う例は知られておらず，中・後期に盛行し，古墳の規模や墳形を特定することなく用いられたようである。水鳥形埴輪は，中期以降の形象埴輪としての一般性を強く有しているようであるが，盾や衣蓋形埴輪に比較すると出土例が少ない。これは，設置場所および使用数量に関係するためであろうか。原位置の明らかなものには，大阪府野中宮山古墳[3]，京都府後野円山古墳[4]，鳥取県ハンボ塚古墳[5]などのように，造出しに伴った例が目立っている。その他には群馬県保渡田八幡塚古墳の外堤[6]，津堂城山古墳の濠内墳丘が知られているが，確実に墳頂に設置された例は聞かない。水鳥形埴輪の検出数は，設置場所が造出しなどに限定され，かつ使用数の少なさに比例したものと考えられる。

津堂城山古墳の水鳥形埴輪は，現在のところ，その初現，最大，かつ最も写実的な遺例に属している。

3 津堂城山古墳の円筒埴輪

津堂城山古墳から出土した副葬品は，前期的な色彩の濃い遺物に中期に盛行する品目が加わって構成され，この古墳の築造時期が奈辺にあるかをよく物語っている。しかし，古市古墳群の巨大な前方後円墳には副葬品の構成を明らかにしたものは他になく，その築造順序を考察するには，共通の資料としての円筒埴輪の形態変化が極めて重要な指標となる[7]。

津堂城山古墳出土の円筒埴輪には，口径 50 cm を超える大型品と，40 cm 前後の中型品がある。前者の設置場所は限定されているようで，後者の使用量が多い。両者には外面の二次調整にA種横ハケをもつものと，回転台を利用し，器面を一周する間に 2～数回ハケ原体の休止痕跡をもつ横ハケが併存する。中型品には，二次調整を欠き一次調整の縦ハケで終わるものが加わる。突帯は，総じて突出度が高く，断面が強いナデによって凹形に仕上げたものと台形を呈するものとがある。前者はA種横ハケと密接な対応関係が認められる。

透孔は円形を主とするが，三角形と長方形のものが散見される。

古市古墳群で有黒斑の円筒埴輪を使用する大型前方後円墳は，津堂城山古墳，仲津山古墳[8]，古市墓山古墳に限られる。後二者では，B種横ハケをもつものが主体を占めるのに対し，津堂城山古墳では，横ハケの休止痕跡を意図的に装飾化した製品を見ない。したがって，円筒埴輪の形態を比較する限り，津堂城山古墳を古市古墳群の端緒を開いた大型前方後円墳と見做すことができる。それはまた，副葬品の構成や長持形石棺の型式から得られる年代観と矛盾するものではない。

4 まとめ

津堂城山古墳は，造出し，濠内墳丘，そして二重濠・堤という外域施設の創設，拡充によって，それまでの前期古墳と一線を画し，南河内の平坦な台地上に出現した。

形象埴輪群に新たに加わったこの巨大な水鳥形埴輪は，過剰ともみえる中期古墳の装飾化を象徴する遺物でもある。

墳丘の築造を主眼とした古墳祭祀は，原理的には前代の遺制としての共同体全体の集団的祭祀として出発したにも拘らず，周濠の成立を現象的な契機として，首長層の墳墓の造営という要素を濃くしていった。霊鳥の形代と読みとれる水鳥形埴輪の出現と展開は，政治的モニュメントとしての古墳の変質過程を実証しうる可能性を孕んでいる。

註

1) 津堂城山古墳の内部構造と副葬品を最近再評価したものに，藤井利章「津堂城山古墳の研究」『藤井寺市史紀要』第 3 集，1982 がある
2) 藤井寺市教育委員会『津堂城山古墳現地説明会ノート』1983
3) 藤井寺市教育委員会『野中宮山古墳現地説明会資料』1984
4) 加悦町教育委員会『後野円山古墳発掘調査報告書』1981
5) 名和町教育委員会『ハンボ塚古墳発掘調査報告』1980
6) 福島武雄「八幡塚古墳」『群馬県史蹟名勝天然記念物調査報告』第 2 輯，1932
7) 天野末喜「古市古墳群の変遷」『古市古墳群』藤井寺の遺跡ガイドブック No. 1，1986
8) 岩崎二郎「81－10 区」『土師の里遺跡発掘調査概要』1982

長瀬高浜遺跡の埴輪

■ 倉吉市教育委員会　倉吉市教育委員会
土井珠美・根鈴智津子
（どい・たまみ）　　（ねれい・ちづこ）

古墳以外の場所から出土した埴輪群は一時的な埋置と推定され
その良好な遺存状態からは一古墳の埴輪数と構成が把握できる

1　埴　輪　群

長瀬高浜遺跡は鳥取県東伯郡羽合町長瀬に所在する砂丘遺跡で，北に日本海，南に低湿地を配する微高地上に立地する。1978 年以来 5 年間にわたる調査は約 5 万 m² にものぼり，弥生時代前期の住居址群から中世の古墓に至る，山陰でも有数の複合遺跡である。なかでも古墳時代は，前期から中期に集落が，中期から後期に古墳群が造られており，遺構・遺物ともに遺跡の中心をなしている。

長瀬高浜遺跡で発掘された埴輪群は，発掘後の1982 年の報告書，さらに 1985 年に行なわれた重要文化財指定準備に伴う整理作業において，家形埴輪 4・部分 4 以上の計 8 以上，甲冑形埴輪 2・衝角付冑の先端部のみ 1 の計 3，盾形埴輪 3，靫（とも）形埴輪 1，蓋（きぬがさ）形埴輪 10，朝顔形埴輪 105 以上，円筒埴輪 10 以上が確認された。

大量の埴輪群は，遺構群の北西隅，一辺 8 m の方形の範囲に，西側に突き出す「く」の字状の形で検出された。埴輪は浅く皿状に窪んだ地形の上にあり，掘り方，柱穴など埴輪に関連すると考えられる遺構は検出できなかった。下層からは竪穴住居状の遺構を，さらに井戸（SE 05）を検出した。竪穴住居状遺構と井戸との関係は不明だが，遺物の出土状況，層位から井戸の方が新しい可能性も考えうる。少なくともこれらの遺構の埋没後，その窪みを利用する形で埴輪群を樹てたと考える。

埴輪の分布は大観すると，形象埴輪と円筒埴輪は西に集中し，朝顔形埴輪は東に集中している。また，朝顔形埴輪は高さ 80〜90 cm の大型と約70 cm の小型とに大別でき，大型は南東〜北，小型は北東に集中していると言える。靫形埴輪，蓋形埴輪は点在しているようである。また，完形に近いものが多い一方で「火炎状」屋根飾り部や衝角付冑の先端部など，破片だけしか検出されないものもある。円筒埴輪の何本かは樹立した状態で検出された。さらに，一部の甲冑形埴輪の土台部

が樹っている円筒埴輪の中から検出されている。このことから，埴輪は各々樹立していたものが横転し，破損，散乱したと考える。また，器表の荒れたものはごく少数で，埋砂がすべて黒砂であることから，倒壊したのは樹てられてからそう遅くない時期で，地表に露出していた時間も短かいと考えられる。埴輪のならべ方は古墳に樹てられるような整然とした規則的な配列ではないが，連ねて樹てられていた姿は，その配置からある程度復元できよう。

各々の埴輪に目をむけるなら，そのほとんどが完形に近く復元され，秀美である。家形埴輪は入母屋式建物（H2），寄棟式建物（H3・H5），切妻式建物（H4）が完全に復元できた。H5 だけには赤色顔料が塗彩されていない。その他，蓋形埴輪の飾板部を思わせる「火炎状」の屋根飾り（H1）も確認されている。復元すれば棟長 80 cm・高さ90 cm に及ぶと推定され，当遺跡最大の家形埴輪となる。また，独立して作られた，着脱が可能な堅魚木部分（これをのせるのは H4 が適当と思われるが，倉庫に堅魚木をのせる例はないため断定しがたい）を含め堅魚木をもつ家が 3 棟以上もある。火炎状という非常に特殊な屋根飾りをもつ H1 は堅魚木をもつ家屋群の主屋に，堅魚木をもつ H2 と H3 は副屋に，H4 は倉庫に，H5 は納屋に比定でき，「屋敷」の姿を如実に示している。

甲冑形埴輪は冑・肩鎧（かたよろい）・短甲・草摺（くさずり）の一連のセットを模したものでほぼ実物大である。短甲には大きな三角状の線描が施してあり，三角板を組みあわせたことを表現している。草摺が革製漆塗とみられることから三角板革綴式であろう。盾形埴輪は盾面とそれをささえる円筒状の体部から成り，極めて簡略化されている。甲冑形埴輪と同様 3 個体ある。靫形埴輪は円筒状の土台部を持たない。鰭状の長い突出部は環部に近い位置に径 3 cm の円孔をもつ。環部の表には独特の文様が描かれるが，裏面には文様はなく，突出部を含め平面的につくられている。したがって横にした形が最も安

定している。樹てるのではなく直接置かれたものと推定する。蓋形埴輪は傘を表現した笠部に，傘先の装飾を誇張して表現した飾板部を差し込んで立てる。靫形埴輪と同様，赤色顔料は塗彩されていない。

朝顔形埴輪の大型・小型は大きさだけでなく，形態・調整・器厚などにも若干の違いがある。大型のみにみられる直立する頸部や底部内面粘土紐貼付は全国的にも稀な技法である。この底部内面粘土紐貼付は円筒埴輪にも認められる。円筒埴輪は形態的にも朝顔形埴輪の円筒部と差異なく，3条の突帯と第2・3段に2対の円形透孔をもつ。さらに朝顔形埴輪は頸部に突帯と肩部に2対の円形透孔をもつものである。朝顔形埴輪が概ね規格的に作られているのに対し，円筒埴輪は口縁部付近の形態，色調などに個体差がある。埴輪群から出土した形象埴輪・朝顔形埴輪は一古墳（後円部）に樹てられるべき種別・構成・形態・数量をおおよそ認めるが，円筒埴輪は復元し得なかった口縁部の破片を含めても古墳に樹てならべるだけの個体数はなかった。樹立用だけでなく，形象埴輪の基台用としてなど特別な利用法があったためかもしれない。埴輪群出土範囲の埴輪を見ない空間（東部）に存在した可能性もある。また，埴輪群の埴輪全体について，製作技法，胎土，高さなど

に共通性・規格性が見い出されることから，埴輪群の埴輪は一括して製作されたと考えられる。

埴輪群の時期は各々の埴輪の特徴，構成，中でも甲冑形埴輪から5世紀中葉の年代が与えられる。このことは人物・動物形埴輪がないこと，黒斑がみられないこと，混入遺物に須恵器を含まないことや土師器の特徴，下層の井戸の時期などと符合する。

埴輪群をめぐっては，下層遺構の井戸と結びつけた「水の祭祀」，あるいはこの遺跡が居住地域から墓域に変わる際に行なわれた「地鎮祭」，古来から続く「農耕祭祀」などすでに多くの見解がよせられている。いずれにしても，この埴輪群のあり方からはこの地で祭祀が行なわれたとは考えがたく，この地に一時的に納置されたと考えられる。そして，行なわれようとした祭りとはあくまでも古墳の上で行なわれるべき祭祀であったと考えられる。

2　埴輪棺墓との関係

当遺跡では埴輪棺墓が13基検出されている。その概要を表1にまとめた。以下，所見を述べる。古墳の中心主体となる例はなく，ほとんどが円墳周溝内出土である。埴輪棺を埋置した墓壙によって周溝が破壊され拡張している例もあり，中心主

表1　長瀬高浜遺跡埴輪棺墓一覧表

№	遺構名	埋置位置 方向（平行∥・垂直⊥）	棺形態（棺身のみ） 埴輪の焼成差と遺存度	小口閉塞	透孔蓋	棺規模（接口として） 埴輪器高×最大径（口径）	棺収納施設 棺側面設備	遺骨 供献土器
①	1号墳	S×53 円墳周溝内 周溝に∥	合口棺 灰/イウ+赤/ア	板石	埴輪破片 〈円筒2・朝顔小型1〉	(50.4+55.3)×28.4 105.7	土壙 なし	7〜8歳児の下顎骨・歯 土師器甕・小型丸底壺
②	周溝内 埋葬施設 総数 〈11基〉	S×54 円墳周溝内 周溝に∥	単棺 灰/上半2段 （2基が隣接）	なし	なし	30.0×24.8	石郭状施設（板石・河原石） なし	なし 〃
③		S×55 円墳周溝内、外肩 周溝に∥	合口棺 ○/ア +○/ア	〃	〃	(52.9+54.2)×28.0 107.1	土壙 なし	〃
④		S×57. 円墳周溝内 周溝に∥	合口棺 ○/ア +赤/ア	〃	〃	(52.9+54.1)×28.0 107.0	土壙 なし	〃
⑤	10号墳 第2埋葬	円墳周溝内 周溝に⊥	合口棺 赤/イ +赤/ア （隣接）	埴輪分截片 〈円筒2〉○・赤	〃	(50.4+51.5)×27.6 101.9	土壙 なし	土師器甕
⑥	〈2基〉 第3埋葬	円墳周溝内 周溝に⊥	合口棺 赤/イウ+赤/イ （接）	板石	なし	(43.0+42.0)×26.3 85.0	側面板石（疎に立つ）	なし 〃
⑦	25号墳 第3埋葬 〈1基〉	円墳周溝内 周溝に∥	合口棺 赤/イ +赤/上半	〃	なし	(42.0+24.0)×22.0 66.0	側面板石（疎に立つ）	〃
⑧	30号墳 第2埋葬 〈1基〉	円墳周溝内 周溝に∥	合口棺 灰/イウ+赤/ア	〃	〃	(50.2+54.5)×27.3 104.7	土壙 なし	骨片・歯 なし
⑨	35号墳 第2埋葬	円墳周溝内 周溝に∥	単棺 ○	なし	〃	56.0×29.2	土壙 なし	土師器甕
⑩	58号墳 第1埋葬	円墳周溝内、外肩 周溝に∥	単棺 ○/ア	埴輪分截片 〈円筒1〉灰	土師器片 〈甕・高坏〉	54.7×25.5	土壙 なし	なし 〃
⑪	26号墳	前方後方墳後方部墳丘内？ 墳丘主軸に⊥	単棺 灰/不明	板石	不明	不明	土壙 不明	
⑫	S×31	単独？（北西部に古墳の 存在の可能性）	単棺 灰/	なし	埴輪分截片・板石 〈円筒1〉赤	57.6×26.4	土壙、上面被覆 側面板石と埴輪片	
⑬	S×65.	単独？（周囲のどれかの 古墳に伴うか？）	単棺 灰/ウエ	板石	埴輪破片	57.3×22.3	土壙 なし	土師器高坏（供献？）

註）埴輪の焼成による色調差を灰褐色：灰，赤褐色：赤で，V字記号を有するもの：○，文様をもつもの：一で示した。
埴輪の遺存度は，基底部を一部欠く：ア，基底部を全く欠く：イ，突帯を欠く：ウ，口縁を一部欠く：エで示した。

表 2　長瀬高浜遺跡埴輪群個体数

種類		埴輪群		埴輪群以外の遺構		計
形象埴輪	家	H1～H5	5	26号墳　　屋根破片	1	10+α
		部分	3+α	58号墳周溝内屋根部	1	
	甲冑	ほぼ完形	2	───		3
		衝角付冑の先端部	1			
	盾	ほぼ完形	3	───		3
	靫	完形	1	───		1
	蓋（飾板部）		10	───		10
	（笠部）		10			
	高坏?	───		26号墳　　　　脚部	1	1
円筒埴輪	朝顔形（大型）		75+α	───		75+α
	〃　（小型）		30+α	2号墳周溝内	1	32+α
				埴輪棺墓使用	1	
	円筒		10+α	26号墳	1+α	35+α
				埴輪棺墓使用	24+α	

体に対して付随的・後出的である。棺形態では単棺 6・合口棺 7 を数え，同一古墳内（1 号墳）でも共存していることから，葬法上の規制というよりは収納体の大きさによる組合せの差と考えられる。合口棺の棺身はいずれも埴輪 2 個体で構成され，棺長 110 cm を超えるものはなく，石槨状施設を伴った②（表 1 の番号に一致，以下同じ）の 30 cm が最小例である。①より幼児骨・歯が検出されており，棺規模からみても成人の直接埋葬は困難であろう。棺側面に板石を立てた例が 3 例あるが，四周するものはなく疎な配列で，棺ぎりぎりに立たせており，石棺（石槨）を意識しての設備というよりは棺の固定を図ったものと思われる。棺蓋に使用された埴輪が棺周辺に散乱していた破片と接合した例があり（⑤・⑫），棺としての使用時に打砕されたことがわかる。埴輪棺墓の時期は古墳および供献土器からおよそ 5 世紀後半代と推定される。

これら棺に使用された埴輪は，専用品ではなく，それも同一箇所からの転用とみられる。合口棺でありながら径に差のあるもの（①・④・⑤）との，焼成による色調差のあるもの（①・⑧・⑩・⑫）との，やや不自然ともいえる組合せがあること，多くは底部ないし突帯の一部を欠き，とくに底部欠損部は叛石で被覆され人為的な割れとは思われないこと，円筒埴輪 24 個体中 7 個体までが口縁部に同種の V 字記号を有し，そういった同種の埴輪を位置や時期の異なる各古墳で使用していること，から裏づけられる。さらに，棺使用の埴輪と埴輪群の埴輪とは形態・手法・胎土・色調・文様意匠などにおいて酷似し，先の棺使用の埴輪にみられた形態・焼成差は埴輪群内での個体差として

捉えられ，また，埴輪群の時期を遡る棺使用例はないという事実は転用箇所を埴輪群に比定させることを可能としよう。

としてみると，棺使用の埴輪は棺蓋を含めても小型朝顔形埴輪 1 個体以外すべて円筒埴輪である。埴輪群内の円筒埴輪の大部分が棺に使用されていったとは考えられないから元元の絶対量は少なかったと推定される。棺には数多い朝顔形埴輪を避け円筒埴輪を選り出したことがうかがわれる。なお，当遺跡南東部には，山陰地方に盛行した大型土器を利用した土器棺墓が偏在的に分布する。埴輪棺墓と土器棺墓とが併存する古墳は存在せず，土器棺墓の時期は 5 世紀末～ 6 世紀代で，埴輪棺墓は土器棺墓へと次第に移行していったものと推察される。

埴輪棺墓の他に埴輪群以外の遺構内出土の埴輪として，2 号墳の朝顔形埴輪，26 号墳の家形・円筒・高杯形？埴輪，58 号墳の家形埴輪などがある。いずれも埴輪の一部を残すのみで樹立していたものはなく，棺使用の埴輪と同様に埴輪群の埴輪と差はない。これらも埴輪群から抜き取られた可能性が強い。とすれば，「埴輪群：古墳（後円部）に樹て並べるべき埴輪」に欠除していた高杯形埴輪を補うことになるが，26 号墳の墳丘はほとんどを失っており，不明な点が多く付加するに留めておく。

　　　　　　　　※

長瀬高浜遺跡埴輪群は，古墳に実際に樹てられてはなかった。だからこそむしろ一古墳の埴輪数と構成が把握でき，その配置の復元研究を可能にしよう。さらに各種埴輪の良好なる遺存状態から工人の問題も含めて埴輪そのものの研究と当時の家・武具・蓋の実物の研究の好資料となりえよう。今後のより一層の整理・分析作業を期待して，現在わかりうる個体数を表 2 に示してまとめとする。

参 考 文 献

1)　鳥取県教育文化財団『長瀬高浜遺跡発掘調査報告書Ⅳ（埴輪編）』1982

2)　福嶋慶純ほか『重要文化財　長瀬高浜のはにわ』羽合町教育委員会・羽合町歴史民俗資料館，1986

3)　福嶋慶純「円筒埴輪棺について」『長瀬高浜遺跡Ⅳ　天神川流域下水道事業に伴う砂丘遺跡の発掘調査概報(3)』鳥取県教育文化財団，1981

4)　鳥取県教育文化財団『長瀬高浜遺跡発掘調査報告書　Ⅰ～Ⅵ』1980～1983

天王壇古墳の埴輪

本宮町立歴史民俗資料館
山崎 義夫
（やまざき・よしお）

5世紀後半の天王壇古墳からは多くの形象埴輪が出土したが，短期間のうちに倒落，再利用されており，祭祀の一時性が考えられる

　天王壇古墳は福島県安達郡本宮町に所在する。江戸時代に主体部が発掘され，藩主に出土品が献上されたとされている。この古墳から出土したといわれる石製模造品の櫛[1]（京都国立博物館蔵）は古く高橋健自氏によって紹介され，石製模造品の刀子も『東京人類学会雑誌』で報告され，天王壇古墳はすでに中期古墳として，福島県では知られていた古墳である。先年古墳下の住宅道路つけかえ工事の際，埋没した周溝が発見され，約200m²の緊急発掘調査を行なっている。

　調査の結果，墳丘に樹立された埴輪が周溝内に大量に倒落しているのが明らかになり，その中に多くの形象埴輪が含まれ，東北地方の埴輪祭祀，ひいては古墳文化のあり方に重要な知見をもたらしている。以下，天王壇古墳の周溝調査の概要を記し，問題点を探りたい。

1 天王壇古墳の周辺

　福島県において，埴輪を出土する古墳，遺跡は43個所[2]を数えるが，天王壇古墳の所在している通称中通りと呼ばれる阿武隈川が宮城県に向かって北流している地域と，浜通りと呼ばれている海岸平地に限られており，三角縁神獣鏡を出土した会津大塚山古墳（前期・前方後円墳）のある会津地方では埴輪を出土する古墳は現在のところ未発見である。

　天王壇古墳の所在する本宮町南ノ内は，安達太良扇状地の泥流丘陵上に位置し，かつては七ツ壇と呼ばれ，中期古墳を主体とした古墳群を形成しており，現在でも，二子塚古墳，庚申壇古墳，金山古墳などは墳丘を残している。金山古墳，庚申壇古墳は円筒埴輪が採集されており，外面に二次調整のヨコハケが観察できるので5世紀代の年代が考えられる。削平消滅した古墳を含めれば，天王壇古墳周辺には7基以上の埴輪出土古墳が存在したと考えられ，福島県においては，いわき地方と並び埴輪を樹立する古墳の多い地域である。

2 天王壇古墳の大きさと規模

　天王壇古墳は，墳丘裾が削平されているため，方墳のような形を呈しているが，周溝調査の結果，西側に造り出しの付設された円墳と考えられるようになってきている。直径38m，高さ約4m，西側に幅5m，長さ3mの造り出しが付設されている。周溝幅は6～8m，深さは平均1mを測る。造り出しを含めれば全長41mの帆立貝形

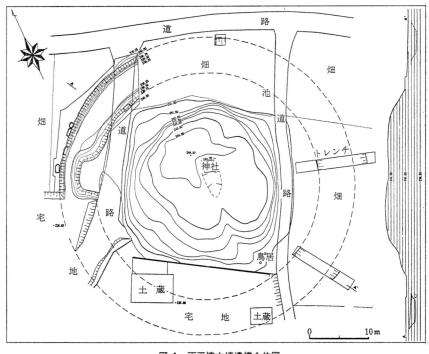

図1 天王壇古墳遺構全体図

墳となり，福島県にあっては中規模の古墳と考えられる（図1）。

3 埴輪棺

天王壇古墳の周溝周辺から円筒埴輪を棺に転用して埋葬したと考えられる「埴輪棺」が4基発見されている（図2）。これは従来から埴輪祭祀の盛行した関東北部，東海，近畿，中国地方に多く確認されているが，東北地方では最初の発見となった。確認された位置は，墳丘裾部周溝内縁のもの1基，周溝外縁のもの1基，周溝外のもの2基である。いずれも墳丘中央からみて放射状に配置されて，何らかの意図，秩序が働いていたと思われる。埴輪棺の内外からは遺物は何も出土していない。

1号埴輪棺 発掘区南部に位置し，長さ1.4m，幅0.8mの不整な舟底状の穴を掘り，円筒埴輪を2個体差し込みにして棺身としている。耕作などで棺の上部は破壊されている。

2号埴輪棺 周溝外縁を掘削して，円筒埴輪2個体を差し込んで棺身としている。透し穴や口縁部を入念に埴輪片で被覆している。周溝に倒落した埴輪片を利用して被覆しており，墳丘の埴輪樹立より少し年代が下ってから埴輪棺としていることが考えられる。

3号埴輪棺 2号埴輪棺の北に位置し，周溝外にある。長径0.9m，短径0.7mのピットに円筒埴輪1個体を据え，棺身としている。周溝から発見された甲冑形埴輪の一部を棺の被覆に利用している。

4号埴輪棺 周溝内縁にある。耕作などで棺の上部は破壊されており，棺の底部が若干残る状態で確認されている。円筒埴輪2個体を棺身としていたと考えられる。

埴輪棺は，墳丘中央に埋葬された人物に対して従属的な位置を占める人々のものと考えられるが，古墳築造と埴輪樹立より若干時間が下ってから埋置されており，天王壇古墳の場合，従来からあった埴輪棺殉葬説は否定されるようである。

4 埴輪の出土状況

形象埴輪は墳丘北西部の造り出し下の周溝付近に集中して発見されている。周溝南側は発掘調査前の削平工事で失なわれ，このとき発見された埴輪の種類と出土位置は明確でないが，削平された土の中には，盾形埴輪，鳥（鷹?）形埴輪，犬形埴輪の足などが含まれていた。したがって，造り出し南から西へかけての形象埴輪の出土位置は，南側から盾形埴輪・鳥（鷹）形埴輪，犬形埴輪，猪形埴輪（瓜坊），鳥形埴輪，小型土製鳥，小型土製馬A，小型土製馬B，猪形埴輪となり，南の盾形埴輪を除けば，造り出し直下は動物埴輪が集中

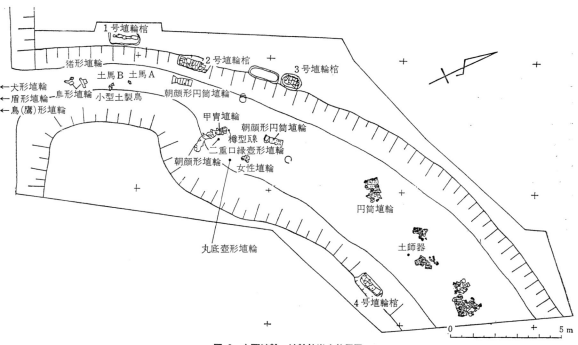

図2 主要埴輪，埴輪棺出土位置図

していると考えられ，犬と親子の猪埴輪群，鳥形埴輪群，小型土製鳥・馬の3グループに分けられる。造り出し北西部の周溝からは甲冑形埴輪，二重口縁壺形埴輪，樽型𤭯形埴輪，丸底壺形埴輪，女性埴輪，衣蓋形埴輪，朝顔形埴輪が出土している（図2）。

甲冑形埴輪を被葬者（首長）が身につけた甲冑，もしくは首長と解すれば，女性（巫女）埴輪との間に壺形埴輪や樽型𤭯形埴輪が置かれていたと考えられることから，何らかの祭宴的状景を表現していたように推測される。

5 天王壇古墳の円筒埴輪

天王壇古墳の円筒埴輪は図示（図3）したものでわかるように筒形の，口縁部径と底部径との差がないタイプが基本的で，外面2次調整に止めヨコハケ（B種ヨコハケ）を施している。突帯は台形で，口縁部直下のものを含めて4条めぐらせている。透穴は円形。焼成は黒斑がなく，窯焼成と考えられる。

突帯を口縁部直下にめぐらせている例は，福島県においては，同じ阿武隈川流域にあり，国見町八幡塚古墳（帆立貝形古墳），堰下古墳で出土している。とくに国見町八幡塚古墳の円筒埴輪は器高が天王壇古墳出土例より低い他は，製作技法，器形とも酷似している。同一工人，もしくはそれにつながる工人の系譜が考えられる。

天王壇古墳の周辺には，2次調整のヨコハケを施した円筒埴輪を持つ古墳が至近に存するが，口縁部直下に突帯をめぐらしておらず，若干年代が前後すると異なる技法を持つ埴輪工人が製作にあたったことも考えられ，工人たちは常時定着して，地域の埴輪製作にあたったのではなく，埴輪の需要に応じて，流域の各地で移動しながら製作にあたった可能性がある。阿武隈川下流域の，宮城県ではこのタイプの円筒埴輪は確認されていないが，最近になって栃木県南端の藤岡町愛宕塚古墳，愛宕塚南古墳[8]で，口縁部直下に突帯をめぐらせた5世紀代と考えられる円筒埴輪片が発見されている。口縁部直下に突帯をめぐらす特異な円筒埴輪の系譜が阿武隈川流域で突如"考案"されたのではないとするならば，関東地方か，遠く畿内までこの円筒埴輪の製作工人の系譜はたどるべきものなのかもしれない。

6 天王壇古墳の形象埴輪

天王壇古墳の形象埴輪は前述したように，数多く出土しているが，ここでは重要と思われる遺物

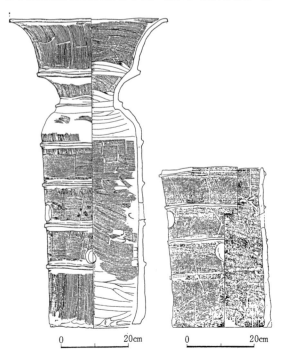

図3 朝顔形円筒埴輪と円筒埴輪

図4 甲冑形埴輪

をいくつか紹介したい。

甲冑形埴輪（図4） 埴輪は仰向けの状態で出土しており，正面部分は欠失している。武人埴輪の可能性もあるが，手足を造形しない点から器財（甲冑形）埴輪の様相を持っているとみたい。全高88.5cmを測る。

埴輪は上から眉庇付冑，肩甲，短甲，器台部に分けられる。眉庇付冑は頂部に伏鉢を造形した半球状の高まりがあり，受鉢をのせる小穴が穿たれている。冑前面には鋸歯状の眉庇が付されている。短甲は沈線で三角板を表現しており，眉庇付冑が鋲留手法によって製作された時期のものであることを考えれば，三角板鋲留短甲を造形したと思われるが，埴輪から革綴か鋲留かの区別は明らかではない。草摺は横走する沈線で表現され，器台部に接続して，足は造形されていない。首，両肩，短甲には赤彩が観察できる。

女性埴輪 島田髷を結う女性埴輪である。現存高41.2cm，胸部左半分と左肩，下部を欠失している。髷と額の間に剝離痕があり，櫛をさした状態を表現したものであろうか。腕から先の手の表現はなく，断面には赤彩がみられる。

土製馬（図5） 馬具着装の土馬で，2点ともほぼ完形で出土している。土馬Aは，長さ19.5cm，高さ10.8cm。調整は指ナデ，一部ハケメを施す。耳，立髪，面繫，鞍は粘土貼りつけによる。尻穴が穿たれているが，深さ8.2cmに及ぶ。土馬Bは，小型の鳥形土製品と折り重なるように出土している。長さ26.5cm，高さ16.6cm。調整は指ナデ，指によるおさえの後，ハケメを施す。土馬A，Bとも調整にハケメを施しており，均質な焼成，黒斑のない点などから，埴輪工人の作と考えられるが，他の埴輪に比して小さく，形象埴輪群とは別個の祭祀に用いられた可能性がある。

猪形埴輪 いずれも復原されていないが，2頭分出土している。小さな猪形埴輪には鼻から両目脇，および背中に3条の縦の赤彩が施されている。猪の子供（瓜坊）を表現したものと思われ，大型の猪形埴輪と合わせ，親子の猪が埴輪配列に加えられている。

犬形埴輪 長さ67cm，現存高41cm，前方を向き，前足をふんばり，動きの感じられる埴輪である。尻尾を巻きあげ，在来の日本犬のプロポーションを持っているようである。犬形埴輪の前方にはおそらく親子の猪形埴輪が配置されてあったのではあるまいか。

7 結　語

天王壇古墳の築造年代は，川西編年Ⅳ期の，2次調整B種ヨコハケを施す円筒埴輪，眉庇付冑・三角板短甲・草摺を造形した甲冑形埴輪，須恵器樽型𤭯を模倣した埴輪，南小泉Ⅱ式（関東・和泉式）の土師器坏，𤭯の出土などから5世紀後半と考えられる。

天王壇古墳の埴輪群は周溝に倒落した埴輪が原位置を失っていること，周溝の一部の発掘であること，墳頂部の形象埴輪の内容が未発掘で不明なこと，などで，埴輪祭祀の全容は明確にすることはできないが，造り出し付近に存在した埴輪群は，動物・人物・器財埴輪がある秩序だった意識のもとに樹立されていたことを推定させる。人

図5　土製馬（上：A，下：B）

物埴輪の手を欠く造形は，地域色ともとれるが，まだ人物埴輪出現期の埴輪配列が具体的になっていない現状では，時間的推移の中で，天王壇古墳例のような手足を欠く埴輪女子像が，埴輪配列の中で一定の役割を果たす埴輪祭儀の一時期があった可能性もある。いずれにしても，甲冑形埴輪と女性埴輪との間には樽型甑形埴輪，壺形埴輪が伴っており，葬送儀礼における共食，あるいは，首長継承儀礼における酒宴などの意味が含まれている可能性がある。次期首長権継承者は被支配者・共同体の成員に向かって，正統なる首長権継承者として，"聖性"を獲得するための方法として，無意識のうちに"ポトラッチ"，過剰な大盤振舞を必要としていたとも考えられる。

天王壇古墳の周溝内外の埴輪棺は，倒壊した円筒埴輪か，甲冑形埴輪の一部を再利用してつくられている。埴輪棺の棺身につかわれた円筒埴輪は天王壇古墳の円筒埴輪と同じものが使用されており，古墳に埴輪を樹立した後，あまり日時の立たない時に，円筒埴輪を墳丘から抜き取り，埴輪棺として使用した可能性がある。古墳周溝を全掘すれば，さらに多くの埴輪棺が古墳をとりまいていることが予想される。埴輪棺については，既述したように，甲冑形埴輪の一部か，周溝内の円筒埴輪片が使用されており，埴輪樹立期より，若干遅れてつくられ，古墳築造に際しての殉葬などは天王壇古墳に関しては否定されよう。さらに重要な点は，埴輪樹立の意義は，被葬者（首長）に対して恒久的な奉仕を誓う姿を形象化したものという解釈が一見解としてえられているが，この点に関して，天王壇古墳の埴輪祭祀は，短期間に埴輪の倒落，再利用が確認されており，埴輪を長期にわたって保護しようとした形跡は確認されていない。したがって，亡き首長を送る側の新首長は，埴輪祭祀という一回性の演劇を進行させ，その過程における過剰な蕩尽を通して，首長権や王権なりの正統性，聖性を獲得していったことも考えられる。埴輪祭祀の一回性がむしろ，聖性を再生させえたのかもしれない。

天王壇古墳からの出土埴輪の中には甲冑形埴輪があり，被葬者の性格を間接的に指示している。副葬品として鉄製の甲冑のセットが，天王壇古墳の主体部に埋置されているかは，未発掘のため知り得ないが，被葬者が眉庇付冑と三角板短甲，草摺の鉄製甲冑を所有していたと考えるのが自然と

図6 2号埴輪棺検出状況

思われる。現在まで東北地方はこの種の甲冑が未発見のため，大和政権による甲冑の配布権外にあったとする見解があったが，古市・百舌鳥古墳群の隆盛に並行して，福島県に帆立貝形古墳が埴輪祭祀をともなって出現している。檀本誠一氏は，帆立貝形墳のある様相のものは，古市・百舌鳥古墳群の巨大古墳の被葬者に結びつく，軍事的集団の可能性がある[4]ことを指摘している。5世紀中葉代の鉄製甲冑のセットは，倭の五王の時代において，各地域の王，在地の長・軍事集団に賜与されたことも考えられ[5]，大和政権と東北地方との関係は新たに熟考しなおす必要にせまられていると思われる。

天王壇古墳の埴輪群は製作・調整技法，形象埴輪の種類などからみて，5世紀後半の大和や河内の大古墳群の埴輪に比して何ら拙劣とはいえず，時間的にも，全く同時代性を保っていると考えられる。451年，倭王済は宋朝から安東将軍号を得，さらに上った23人は軍・郡の称号を与えられている。おそらくこの時期の，東アジアをとりまく政治的緊張の中で，国内の政治の再編成が進行するとき，みちのくもまた，無縁であることはできなかったと思われる。天王壇古墳の埴輪群はそのあたりの"事情"をよく物語っているように考えられる。

註
1) 高橋健自『古墳発見石製模造器具の研究』帝室博物館学報 第一冊，1919
 その後，八賀 晋氏が櫛型石製模造品として，再び同一と思われる遺物を『学叢』第4号，京都国立博物館，1982 でとりあげている。
2) 藤沢 敦氏（東北大学）の教示による。
3) 大橋泰夫「藤岡町愛宕塚古墳第4号古墳の埴輪について」栃木県考古学会誌，8，1984
 第6回三県シンポジウム『埴輪の変遷』1985
4) 檀本誠一「帆立貝形古墳について」考古学雑誌，69-3，1984
5) 田中新史「御嶽山古墳出土の短甲」考古学雑誌，64-1，1979

特集●埴輪をめぐる古墳社会

地域の話題

開発の波の中でしばしば埴輪をもつ古墳が調査され話題を提供している。最新の情報、各地の研究の進展状況を問いかけて見れば

西九州地方の埴輪／山陰地方の埴輪／関東地方の埴輪／大津市発見の特殊器台型埴輪

西九州地方の埴輪

鳥栖市教育委員会 **藤瀬禎博**（ふじせ・よしひろ）
佐賀県教育委員会 **蒲原宏行**（かもはら・ひろゆき）

西九州の古墳は円筒埴輪、形象埴輪ともにほとんどすべてが前方後円墳から出土しており、また円筒埴輪は5期に編年される

　本稿で取り扱う西九州とは、現在の佐賀県・長崎県、旧国名では肥前国の範囲におおむね相当する。佐賀県ではこれまで43古墳1遺跡での出土を数えるが、長崎県においては未だ出土の報を聞かないようである。したがって実際には佐賀県下の埴輪が対象となる。

　佐賀県における埴輪出土古墳の調査としては、昭和18年の目達原古墳群の調査[1]が早い時期のものとして注目されるが、戦時下の応急調査であり、残された資料は少ない。近年では鳥栖市岡寺古墳の調査[2]で多種・多量の埴輪が出土しており、本県における埴輪資料の中核をなしている。その後資料は若干増えつつあるが、総体的にはまだ微微たるものである。したがって現状では埴輪様式の変遷や各古墳でのあり方などについて充分な考察をなし難く、ここでは円筒埴輪と形象埴輪に分けて概要を紹介することとしたい。

1 円筒埴輪

　大型首長墳に関する基礎的資料の整備が遅れている本県では、円筒埴輪の編年確立が急務である。したがって資料的にはきわめて不充分であるが、先学の助けを借りて[3]、本県の円筒埴輪を5期に分けてみたい。

　Ⅰ期　この時期の資料としては佐賀市銚子塚古墳採集例・浜玉町谷口古墳出土例がある。銚子塚古墳は従来二重口縁の壺形埴輪のみが知られているが、円筒埴輪の最上段と思われる資料がある。これは復元口径が30cmに満たないもので、外面はタテハケ1次調整のみである。谷口例も外面はタテハケのみで、器壁は0.8～1.1cmと総じて薄い。タガは側面幅が狭いシャープな作りで、黒斑を有するものがある。他に伊万里市杢路寺古墳例があるが、詳細不明である。これらの古墳の年代観よりⅠ期は4世紀後半から5世紀初頭頃と思われる。

　Ⅱ期　北茂安町東尾大塚古墳採集例・北方町蓑具山1号墳採集例・大和町船塚古墳採集例がある。筒部外径のわかる例では20～25cmで、Ⅰ期と変わらない。焼成は蓑具山例と船塚例で黒斑が認められ、依然野焼き焼成のようである。外面調整のわかる例は少ないが、タテハケ・ナナメハケの後、2次調整として川西の言うB種ヨコハケを施したものが現われる。しかし、けっして主体的ではない。タガはⅠ期と同様なものの他に、側面幅がやや広いもの、突出の大きいものがあるが、全体にややシャープさがなくなる。器壁はⅠ期同様0.5～1.1cm前後と薄い。蓑具山1号墳・東

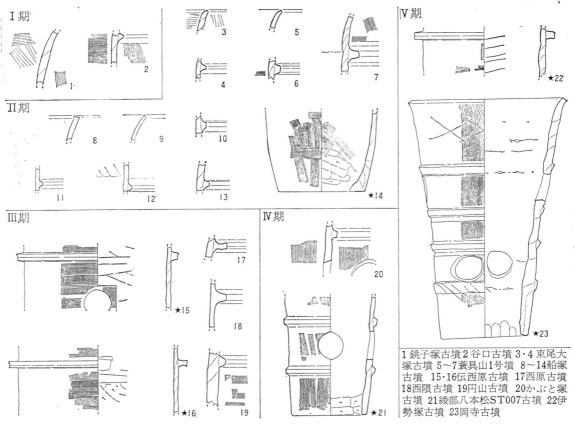

図1 佐賀県下の円筒埴輪（縮尺：★印は1/8，他は1/6）

1銚子塚古墳 2谷口古墳 3・4東尾大塚古墳 5〜7蓑具山1号墳 8〜14船塚古墳 15・16伝西原古墳 17西原古墳 18西隈古墳 19円山古墳 20かぶと塚古墳 21綾部八本松ST007古墳 22伊勢塚古墳 23岡寺古墳

尾大塚古墳では陶邑 TK-73〜TK-216 型式の須恵器を伴っており，船塚古墳の墳形からみても5世紀前半〜中頃に比定できよう。

III期 佐賀市西原古墳採集例・伝西原古墳出土例・佐賀市西隈古墳出土例が典型的であり，IV期への過渡的様相を示すものとして三日月町円山古墳出土例がある。形態・技法とも最も発達した時期である。西原例では筒部外径が 31〜38cm を測り，窖窯焼成となる。また普通円筒の他に楕円円筒もある。外面は2次調整としてB種あるいはC種のヨコハケを持つものが主体的である。タガは大きく突出するとともに端部が上下につまみ出され，側面幅もII期より増大している。器壁はI・II期同様 0.7〜1.2cm と薄いが，円山例のように異常に厚いものも現われる。各古墳の主体部構造より5世紀後半代にあてられよう。

IV期 白石町かぶと塚古墳採集例・中原町綾部八本町 ST007 古墳出土例が典型的である。やや後出的であるが，鳥栖市剣塚古墳出土例あたりまでこの時期に含めてよかろう。筒部外径は 30cm を越える大型品と 18〜26cm 程度の小型品が

ある。黒斑は認められず，外面は再びタテハケ1次調整のみとなる。また底部内面にヘラケズリなどの調整が現われる。タガは断面台形のしっかりしたものであるが，突出は明らかに小さくなる。また器壁も 0.8〜1.8cm と厚いものが多くなる。5世紀末から6世紀前半に比定されよう。

V期 最も資料の多い時期で，鳥栖市岡寺古墳出土例・庚申堂塚古墳出土例・神埼町伊勢塚古墳出土例などがある。概してこの時期のものは小型で，口径と底径の差が大きい。やはり無黒斑で，外面はタテハケないしタテナデの1次調整のみである。タガはさらに低くなり，最下段のものには押圧や断続ナデ的な技法が認められる。また器壁は 1.2〜2.4cm とさらに厚くなる。ただ伊勢塚出土とされるものの中にはタガが高く，外面にヨコハケを施すものがあり，検討を要する。本期は6世紀中頃から後半頃であろう。

以上，佐賀県における円筒埴輪の変遷についてごく大雑把に述べたが，III期的な埴輪の下限は6世紀代に下る可能性があるなど，さらに検討すべき課題は多い。（蒲原）

2 形象埴輪

佐賀県内では，形象埴輪出土の報告・紹介例は11古墳を数えることができる。地区ごとにみると，佐賀平野東端に3古墳，佐賀平野東南部に4古墳，佐賀平野中部に3古墳，唐津平野に1古墳となっている。

佐賀東端部には，剣塚古墳・岡寺古墳・大塚古墳からの出土が知られている。

「剣塚古墳」は鳥栖市田代本町字柿添に所在する全長82mの前方後円墳である。昭和55年（1980年）に範囲確認調査が実施され[4]，動物埴輪（馬？）の一部が出土しているが，過去に蓋様埴輪[5]・盾形埴輪[6]が出土したとの報告もある。本古墳は八女市岩戸山古墳との類似性が指摘[6]され，6世紀前半代と報告されている。

「岡寺古墳」は前者と同一丘陵上の田代本町字太田に所在し，すぐ東隣りには壁画系装飾古墳で知られた「田代太田古墳」が所在している。岡寺古墳の墳丘は寺院や民家の敷地内にあたるためかなり改変させられているが，範囲確認調査では全長65m以上の前方後円墳であることが判明している[2]。形象埴輪はおよそ東西に軸をとる古墳の北側くびれ部からの出土である。人物埴輪は巫女1・武人2・男子1その他合計で10個体分前後が出土している。動物埴輪では馬3〜4・猪1・鶏3・水鳥1個体分がみられ，器財埴輪では盾形埴輪2個体分が出土している。時期については須恵器が共伴せず，円筒埴輪あるいは形象埴輪のセット関係から6世紀前葉〜中頃と判断されている。

三養基郡北茂安町東尾字大塚所在の「東尾大塚古墳」は5世紀中頃に属する径25mの円墳である。内部主体は横口式石槨で，副葬品として武具・馬具・仿製鏡などが出土している。墳丘から円筒埴輪とともに，形象埴輪が出土したとの記録がみられる[5]。

佐賀平野東南部では「目達原古墳群」に属する稲荷塚古墳・大塚古墳・塚山古墳や，装飾古墳である伊勢塚古墳から出土している。

「稲荷塚古墳」は三養基郡上峰村坊所字杉寺に所在する全長50mの帆立貝式の前方後円墳である。主体部は前方部・後円部それぞれに横穴式石室がみられ，本古墳からは巫女・武人などの形象埴輪が出土している[1]。

上峰村坊所に所在する「大塚古墳」も帆立貝式の前方後円墳である。全長55mを測り，主体部は西に開口する竪穴系横口式石室である。形象埴輪は人物・水鳥などが出土したとされている[1]。

「塚山古墳」は神埼郡三田川町豆田字上中杖に所在する。全長50m前後の前方後円墳で，主体部は竪穴系横口式石室である。武具・馬具・金鎚など大量の副葬品が出土し，朝顔形円筒埴輪・人物埴輪も出土している[1]。

「伊勢塚古墳」は目達原古墳群の北西方向約3.5kmに位置し，壁画系装飾古墳として良く知られている。明治20年（1887年）前後に発掘されており，副葬品などについての詳細は明らかではないが，墳丘から人物顔・馬具形の形象埴輪が出土したと伝えられている[5]。

佐賀平野中部では西隈古墳・船塚古墳・築山古墳から，形象埴輪の出土したことが判明している[5]。

「西隈古墳」は佐賀市金立町大字金立に所在する径40mの円墳である。石室内の家形石棺には幾何学的文様の線刻丹彩が施され，5世紀後半の築造と思われる。昭和49年（1974年）に指定のための調査が行なわれ，わずかに残っていた遺物類とともに形象埴輪片が出土している[7]。

「船塚古墳」は佐賀郡大和町久留間字今山に所在し，県内で最大規模を誇る全長114mの前方後円墳である。内部主体はまだ不明だが，墳形・周溝・陪塚などが良く残されている古墳である。家形（倉庫）埴輪が大型勾玉などとともに後円墳墳丘上から出土している[5]。

「築山古墳」は佐賀郡大和町尼寺字東町に所在する全長60mの前方後円墳である。内部主体などの詳細は不明だが，明治年間に勾玉・管玉・太刀が出土し，横穴式石室であったとも伝えられている。鎧形の形象埴輪が発見されている[5]。

唐津平野では，唐津市鏡字樋の口に所在する「樋の口古墳」から家形埴輪が出土している[8]。本古墳は5世紀後半〜末期の径14.4mの円墳である。石室は方形を呈し，熊本・佐賀地方との交流をうかがわせ，唐津平野では特異な古墳である。

以上が佐賀県内で形象埴輪の出土したことが知られている古墳である。東尾大塚古墳・西隈古墳・樋の口古墳を除いて，他はすべて前方後円墳であることがまず特筆される。この傾向は円筒埴輪でもほぼ同様である。さらに付言すれば，佐賀

県内では前方後円墳の多くから埴輪が出土すると
いう傾向が指摘できることにもなる。（藤瀬）

註
1) 松尾禎作「目達原古墳群調査報告」『佐賀県史蹟
　名勝天然記念物調査報告』第9輯，1950
2) 藤瀬禎博『岡寺前方後円墳』鳥栖市文化財調査報
　告書第21集，1984
3) おもに以下の文献を参考とした。
　川西宏幸「円筒埴輪総論」考古学雑誌，64—2，1978
　高橋　徹「九州の埴輪概観」『二子塚遺跡』1976

4) 柳沢一男「九州・山口の埴輪」考古学ジャーナル，
　253，1985
5) 石橋新次「剣塚前方後円墳」『鳥栖市文化財調査
　報告』第22集，鳥栖市教育委員会，1984
6) 松尾禎作『佐賀県考古大観』祐徳博物館，1957
7) 松隈　嵩「鳥栖市の前方後円墳」郷土研究，5，
　郷土史談会，1974
8) 木下之治『西隈古墳』佐賀県教育委員会，1975
9) 吉村茂三郎「名勝鏡山と其附近古墳の調査」『佐
　賀県史跡名勝天然記念物調査報告』5，佐賀県，1936

山陰地方の埴輪

倉吉博物館
■ 真田廣幸
（さなだ・ひろゆき）

山陰地方の埴輪は須恵器が出現する5世紀後半代前後において
形態が大きく変わり，かつ古墳にも変化がみられるようになる

山陰地方，鳥取県と島根県は旧国名でいう因
幡・伯耆（以上鳥取県），出雲・石見・隠岐（以上島
根県）の五箇国である。当地方には，平所遺跡埴
輪窯跡出土品（松江市）や長瀬高浜遺跡埴輪群のよ
うに，全国から注目される埴輪が所在する。各国
において，これまでに埴輪の出土することが知ら
れている古墳，および遺跡の数はつぎのとおりで
ある。因幡30箇所，伯耆170箇所，出雲100
箇所，石見と隠岐は数箇所である。この数は，そ
れぞれの国に分布する古墳の数パーセントを占め
るだけである。ここでは，因幡・伯耆・出雲にお
ける埴輪の概要を紹介するが，平所遺跡と長瀬高
浜遺跡の埴輪は除く。なお，ここでは須恵器が伴
う以前を前期とし，以後を後期として扱う。

1　前期の埴輪

伯耆と因幡では，おもに前方後円墳と大型の円
墳に埴輪が伴う。出雲では，確実な埴輪は確認さ
れていない。ただし，造山1号墳（方墳・安来市）
と神原神社古墳（方墳・加茂町）において特殊円筒
形土器が出土している。神原神社古墳の特殊円筒
形土器（図12）は，竪穴式石室上部から出土したも
ので，高さ85cm，口縁部に鋸歯文，胴部に方形
のスカシ孔5箇を2段に配している。造山1号
墳，神原神社古墳とも4世紀前半に位置づけられ
ている。

山陰地方において，最も古い埴輪は伯耆の馬ノ
山4号墳（前方後円墳・羽合町）と，因幡の六部山
3号墳（前方後円墳・鳥取市）出土の埴輪であろう。
馬ノ山4号墳は全長100m，三角縁神獣鏡（舶載）
をはじめとする鏡5面と，石釧・車輪石などの副
葬品が出土している。六部山3号墳は，未調査の
ため詳細は不明である。両古墳とも4世紀後半の
築造と考えられている。馬ノ山4号墳からは，円
筒埴輪（図5）・朝顔形埴輪・家形埴輪の断片と，
円筒棺1・円筒埴輪を転用した棺6が出土してお
り，六部山3号墳では円筒埴輪と器財埴輪の断片
が出土している。図にあげた両古墳の円筒埴輪は
棺に転用されていた可能性のあるものである。両
古墳とも，樹立されていた円筒埴輪の実体は明ら
かでない。図5の馬ノ山4号墳の埴輪は，高さ
86cm，第1段と第2段に方形のスカシ孔を2箇
配している。これ以外にも逆三角形のスカシ孔を
有するものや，ヘラで人物を描いたものもある。
図1の六部山3号墳の埴輪は朝顔形埴輪と類似す
るが，口縁部が短かく立ちあがるだけで終わる。
形態の似たものが，丹後地方（京都府）に分布して
おり，その関係が注目される。

馬ノ山4号墳と六部山3号墳の埴輪に続く埴輪
は，伯耆では北山古墳（前方後円墳・東郷町），因幡
では古郡家1号墳（前方後円墳・鳥取市）の埴輪で
ある。それぞれ，馬ノ山4号墳・六部山3号墳の
近接した位置に築造された古墳であり，北山古墳
は全長110mを測り山陰最大，古郡家1号墳は全

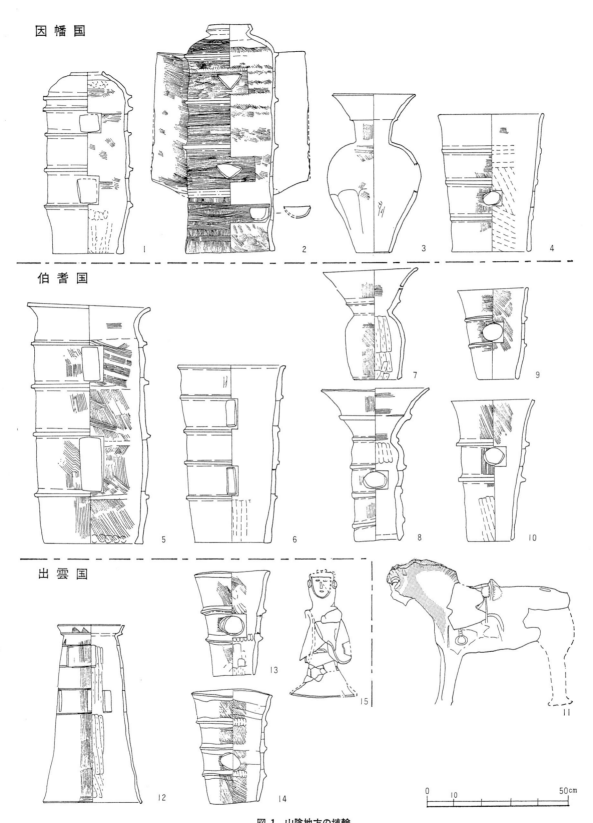

図1 山陰地方の埴輪
1：六部山3号墳　2・3：里仁32号墳　4：丸山遺跡　5：馬ノ山4号墳　6：北山古墳　7：向山309号墳　8：岡1号墳　9：小林2号墳　10：別所1号墳　11：西山2号墳　12：神原神社古墳　13：岡田山1号墳　14：向山西2号墳　15：常楽寺古墳

長 90m を測る因幡最大級の古墳である。古郡家1号墳から長方板革綴短甲などが出土しており，両古墳とも5世紀前半に位置づけられている。北山古墳からは円筒埴輪（図6）・家形埴輪・短甲形埴輪・綴形埴輪・楯形埴輪・鶏形埴輪が，古郡家1号墳からは円筒埴輪・4種類以上の家形埴輪・楯形埴輪が出土している。北山古墳の円筒埴輪は高さ60cm前後，4条のタガと方形ないし円形のスカシ孔を各タガ間に2箇配している。中には赤色顔料の塗彩されたものもある。古郡家1号墳の埴輪は全形をうかがう資料に欠けるが，円筒埴輪は3条のタガと円形のスカシ孔を配している。

里仁32号墳（方墳・鳥取市）は，一辺14m（調査前に約1/2消滅）を測る古墳であるが，小規模古墳としては珍しく埴輪が樹立されていた。樹立されていた埴輪は，円筒埴輪と壺形埴輪（図3）の2種類である。さらに，棺として使用された壺円筒埴輪（図2）1が検出されている。円筒埴輪と壺円筒埴輪は，山陰地方唯一の鰭付埴輪である。円筒埴輪は高さ推定60cm前後，3条のタガと基部に半円形のスカシ孔1箇，タガ間に方形ないし逆三角形のスカシ孔を各2箇配している。壺円筒埴輪は，タガの数・スカシ孔の位置と箇数ならびに調整技法が円筒埴輪とほぼ同一であるが，口縁部が当地方の土師器壺にみられる複合口縁状を呈している。里仁32号墳は，出土した土師器から5世紀中頃に位置づけられている。

この時期の形象埴輪の中で，全容を知りうる資料は長瀬高浜遺跡埴輪群であろう。詳細は，土井・根鈴氏の報告にゆずる。

埴輪の囲繞の状況は北山古墳などにおいて断片的に知られているだけであり，良好な資料はない。

2　後期の埴輪

各地とも，埴輪の出土する古墳の多くがこの時期に属す。前方後円（方）墳はむろんのこと，径10〜20m前後の円墳に樹立されていた例が多い。出土する埴輪の種類は，円筒埴輪が大部分を占める。

円筒埴輪の基本的な形は，2条のタガとタガ間に円形のスカシ孔を2箇配しているものである。少数ではあるが，因幡の丸山遺跡の円筒埴輪（図4）のように3条のタガのものもある。タガ3条の円筒埴輪は丸山遺跡以外，伯耆の高塚古墳（円

墳・中山町），出雲の向山西2号墳（図14，前方後方墳・松江市）とか平所遺跡埴輪窯跡（松江市）にみられる。どちらかというと，出雲に多くみられる傾向がある。時期については，おおよそ6世紀前半代におさまる。

タガ2条の円筒埴輪は，タガの突出度が強くあまり退化していないことを共通の特徴としているが，形態と調整技法に若干の相違が認められる。小林2号墳（円墳・倉吉市）の円筒埴輪（図9）に代表される一群と，別所1号墳（前方後円墳・米子市）の円筒埴輪（図10）に代表される一群である。小林2号墳の円筒埴輪は，タガをほぼ等間隔に配し，外面をタテハケ後ヨコハケによって調整している。同様のものは，伯耆において服部47号墳（円墳・倉吉市），ハンボ塚古墳（円墳・名和町），宗像1号墳（前方後円墳・米子市）などにみられ，出雲においては古曽志大谷1号墳（前方後方墳・松江市），常楽寺古墳（円墳・仁多町），岡田山1号墳（図13，前方後方墳・松江市）などにみられる。ハンボ塚古墳と古曽志大谷1号墳から出土する須恵器はTK208ないしTK23に併行し，宗像1号墳と岡田山1号墳から出土する須恵器はTK43かTK209に併行する。したがって，小林2号墳タイプの埴輪は，5世紀末から6世紀後半という長い期間もちいられていると判断される。

一方，別所1号墳の円筒埴輪は，基部が他より長くつくられ，外面がタテハケだけによって調整されている。同様のものは，高畔7号墳（円墳・倉吉市），高鼻2号墳（円墳・倉吉市），宮尾古墳（円墳・大栄町），東宗像5号墳（円墳・米子市）と伯耆に集中してみられる。別所1号墳から出土する須恵器はTK209，高畔7号墳と高鼻2号墳から出土する須恵器はTK10に併行する。したがって，別所1号墳タイプの埴輪は，6世紀中頃から6世紀後半の期間もちいられていると判断される。

これらのグループの中にも，調整技法などの差によって細分することは可能である。たとえば，川西氏は底部付近の調整の差によって，伯耆東側に分布するもの，伯耆西側と出雲・伯耆西側，そして出雲東側に分布する3つのグループに分類されている。また，伯耆東側に分布する円筒埴輪の多くは，黒斑を有し，赤色顔料が塗彩されているものが多い。

朝顔形埴輪は，円筒埴輪とともに用いられているが，その数は少ない。図8の埴輪は，岡1号墳

（円墳・中山町）から出土した埴輪である。タガが3条，第2段のタガ間に円形のスカシ孔を2箇配している。他の古墳の朝顔形埴輪の特徴もほぼ同様であるが，スカシ孔の形に三角形や方形のものもみられる。伴出する須恵器の明確なものが少ないが，ほぼ6世紀前半に分布の中心を置くようである。

また，朝顔形埴輪の第2段以下を省略したような埴輪が，釈迦堂5号墳（円墳・名和町），井手狭1号墳（円墳・淀江町）など伯耆に分布している。さらに，タガとスカシ孔が施されていない，いわゆる壺形埴輪（図7）が向山309号墳（円墳・倉吉市）で出土している。高さ40cm前後，口縁部から胴部上半まで赤色顔料が塗彩されている。黒斑は認められない。他の種類の埴輪は検出されておらず，壺形埴輪だけが樹立されていたようである。同様の埴輪は，高鼻2号墳にもみられるが，岡山県の四つ塚13号墳（円墳・八束村）でも出土している。四つ塚13号墳の円筒埴輪は，倉吉市の高畔7号墳の円筒埴輪と酷似しており，両地域の関連が注目される。

形象埴輪の代表は，平所遺跡埴輪窯跡出土品であるが，ここでは最近の調査で出土したものを紹介する。因幡では，いくつかの古墳で水鳥・人物などの形象埴輪の断片が出土している。しかし，全容を知るものはない。伯耆では，家・人物・馬・鹿・鳥・鶏などの形象埴輪が，人物と馬・人物と鳥などのようにいくつか伴って出土する古墳が数例知られている。西山2号墳（円墳・倉吉市）では，周溝内に馬（図11）と人物埴輪だけが立てられており，ハンボ塚古墳では特異な形態をした人物と水鳥などの形象埴輪が造り出し付近から出土している。別所1号墳では，鰭付円筒埴輪のタガ間に人面を表現した特異な埴輪が出土している。出雲では，常楽寺古墳（円墳・仁多町）から，馬1・男子人物3・女子人物2という多量の形象埴輪が出土し注目されている。その内女子人物埴輪（図15）に，両腕を前方へ出し手に匳を捧げている。着衣に特色があり，左右の肩から腋下，腰近くまで垂下した幅広の衣端が付けられている。報告者はこれを「意須比（オスヒ）」の表現と考えられておられる。これら形象埴輪は5世紀末から6世紀後半代までみられるが，6世紀前半までに集中する傾向がみられる。

埴輪の囲繞状況を知る資料は少ない。古曽志大谷1号墳では，墳裾外と段築面に円筒埴輪が樹立され，前方部先端に設けられた造り出しに円筒埴輪と朝顔形埴輪が樹立された様子が明らかになっている。5世紀末から6世紀前半代には，埴輪を墳裾，墳頂部などに囲繞しているものが多いが，6世紀後半になると円筒埴輪や形象埴輪を数本，墳裾ないし墳丘の一部に樹立するようになっている。また，横穴の前庭部などにも数本の円筒埴輪が樹立されている。

3 おわりに

以上，因幡・伯耆・出雲における埴輪の概要を紹介した。山陰地方において，埴輪が出現するのは4世紀後半である。これ以前の古墳，すなわち最古の前方後円（方）墳に位置づけられている国分寺古墳（倉吉市）と普段寺古墳（会見町）には埴輪の樹立をみない。そして，6世紀後半から7世紀初頭には埴輪の終焉を迎える。ただし出現から終焉までの間，時期的に間断なく埴輪が樹立されたのではない。確認されていないだけかも知れないが，5世紀中頃に位置づけられる長瀬高浜遺跡埴輪群以降，5世紀後半代の須恵器が伴う埴輪までの間が空白期間となっている。この空白期間の前後において，埴輪の形態などが大きく変化し，かつ古墳にも変化がみられることは興味深い。古墳の変化とは，箱式石棺ないし木棺を主体とする径10m前後の円墳が群集して築造されだすなどがその一例である。

山陰地方の埴輪研究は，鳥取県と島根県の円筒埴輪がそれぞれ集成されただけであり，今後に残された課題が多い。

主な参考文献
1) 前島巳基・松本岩雄「島根県神原神社古墳出土の土器」考古学雑誌，62—3，1976
2) 『山陰のはにわ』島根県教育文化財団，1981
3) 井上寛光「出雲の円筒埴輪」松江考古，5，1983
4) 『特別展はにわ』鳥取県立博物館，1984
5) 寺西健一「円筒埴輪の地域性」鳥取県立博物館研究報告，22，1985
6) 仁多町教育委員会『常楽寺古墳』1985
7) 川西宏幸「円筒埴輪総論」考古学雑誌，64—2，1978
　掲載した埴輪の図は各参考文献の挿図に加筆したものである。

関東地方の埴輪

早稲田大学助手
■ 橋本博文
（はしもと・ひろふみ）

関東における埴輪工人集団の組織は東海・畿内とは異なっており
また5世紀後半に至って大型前方後円墳に人物埴輪が採用された

1 外面2次調整B種横ハケの出現

群馬県別所茶臼山古墳では，外面2次調整縦ハケを施し，鍵形透孔をもつ川西編年II期の様相を呈する円筒埴輪に，外面2次調整B種横ハケを施す同じく川西編年III期の特徴を有する円筒埴輪がわずかに伴う。当地におけるB種横ハケの最初期のものであろう。栃木でも，群馬県地域に近い佐野市八幡山古墳出土と伝えられる資料が存在する。関東最古の馬具があるものの，三角板革綴式短甲と三角板革綴式衝角付冑との甲冑セットなどから5世紀前半に溯る。茨城では水戸愛宕山古墳から，外面2次調整B種横ハケを施して，同一段に方形と円形の透孔を交互に計4孔穿ち，黒斑を有する円筒埴輪が出土している。その他，有段口縁壺形土器も伴う可能性があり，川西編年III期でも古相である。埼玉では，直刃鎌を模す石製模造品などを出土した久卿塚古墳に，格子目叩き成形のものとB種横ハケ・有黒斑のものとが共存する。石製模造刀子の編年観も勘案して5世紀第II四半世紀に位置づけられる。

その他，東京都野毛大塚古墳でもB種横ハケ・有黒斑のものが知られ，種類の豊富かつ同種多量の石製模造品の副葬など，北関東の白石稲荷山古墳例やお富士山古墳例と類似する。野毛大塚古墳には長持形石棺の影響のみられる石棺が採用されており，北関東のお富士山古墳・太田天神山古墳，南関東の高柳銚子塚古墳などとの関わりが示唆される。千葉県高柳銚子塚古墳では，B種横ハケ・無黒斑の円筒埴輪がみとめられる。

表1 関東における初期B種横ハケ埴輪採用古墳

都県名	古墳名	墳形	規模(m)
群馬	別所茶臼山	前方後円	168
群馬	白石稲荷山	前方後円	約170
栃木	佐野八幡山	円	46
茨城	水戸愛宕山	前方後円	136
埼玉	久卿塚	円	50
東京	野毛大塚	帆立貝	約80
千葉	高柳銚子塚	前方後円	約130

なお，初期のB種横ハケ埴輪採用古墳の規模をみると，いずれも地域最大級の古墳であることに気づく（表1参照）。すべて畿内からの技術者集団を直接的あるいは間接的に招請できる立場の被葬者階層であった。

2 渡来人の作った埴輪

格子目叩きを有する埴輪に関しては，半島系軟質土器製作技法との関連が指摘されている[1]。しかし，今のところ，前者が埼玉県北西部を中心に，茨城県の一部や隣接する長野県で確認されているのに対して，後者は群馬県西部に数例，および千葉県に1例の分布が知られるのみで，両者の分布にきれいな重なりがみとめられない。現時点において，半島系軟質土器が比較的多く確認されている群馬県地域では格子目叩きを有する埴輪は検出されておらず，反対に格子目叩きをもつ埴輪の3例集中してみとめられる埼玉県北西部では，管見ながら半島系軟質土器の出土は知られないのである。あるいは，埼玉県北西部に集中する格子目叩き埴輪は，在地産と推定されているミカド遺跡出土初期須恵器（TK 208〜TK 23）の製作者と関わる可能性もある。

時期的には，前者が5世紀第II四半世紀〜中頃，後者が5世紀中頃ないしは後半というところであろうか。だが，格子目叩き埴輪が窖窯焼成でないらしい点は気にかかる。やはり，埼玉県北部にみられる把手付甑の出土[2]などから，渡来系工人の関与を考えるべきかもしれない。

木下亘氏は，長野県土口将軍塚古墳出土埴輪に格子目叩き以外に平行叩きがみとめられることから，初期須恵器生産との関連を考えられている[3]。胴部外面のヘラ描文様の舶載陶質土器・初期須恵器例などとの類似も注目される。しかしながら，これらの埴輪に須恵質の焼き（窖窯焼成のもの）が存在しないことから，その説には批判的な見解も提出されている。加えて，内面に当て具の明瞭な使用痕がみられない点も，その考えを支持する上で

消極的にする材料である。

その一方，突帯側面に平行叩きが施される群馬県原前1号墳例[4]は，突帯貼付時に叩きを行なったもので，在地の埴輪生産の系譜上，異例である。現在のところ，関東地方では類例をみとめがたい。空間的には離れるが，東海西部，愛知県尾張旭・清洲などの尾張地域のものに類例があり，工人の移動や技術的な影響が想定される。原前1号墳出土同向式画文帯神獣鏡のいわゆる「同型鏡」が伊勢・尾張地域に比較的多く分布することは，その傍証ともなろう。文献にみえる5世紀末〜6世紀前葉の尾張氏の動向とも無関係ではあるまい。

3 いわゆる「低位置突帯埴輪」について

関東では，最下段の突帯が突帯間の間隔より狭く基底部近くに貼られた特徴的な円筒埴輪の存在が注目され，「低位置突帯埴輪」と呼ばれている[5]。その他の特徴として，径が太く，多条突帯で，突帯の断面形状のくずれが少ないことも合わせてあげられる。この「低位置突帯埴輪」は，6世紀第Ⅲ四半世紀〜7世紀初頭のものとされ，鬼怒川以西の栃木県地域における分布がまず指摘された。その後，群馬県地域でも，栃木県地域を上まわる例数が確認され[6]，その分布の中心が上毛野地域にあって，下毛野地域にも及んでいる事実が知られたのである。時期的には，6世紀後半代に集中する傾向が看取される。

埼玉県地域では，大里村甲山古墳・東松山市三千塚Ⅶ-5号墳・行田市埼玉将軍山古墳・美里町瓶甕(みか)神社前14号住居址などで検出されており，以上の分布が北武蔵地域に集中する点は注目される。これらは接して，より数の上で卓越する群馬県地域（上毛野）の影響のもとに出現したものであろう。甲山古墳などは6世紀第Ⅲ四半世紀に位置づけられ，時期的にも対応する。

ところで，この「低位置突帯埴輪」の最も古い例は，群馬県太田市米沢二ツ山古墳例などを除けば，外面2次調整B種横ハケをもち，川西編年Ⅳ期に位置づけられている群馬県藤岡市七輿山(ななこしやま)古墳例とC種贅ハケを施した栃木県唐沢山ゴルフ場埴輪窯址例ということになり，その絶対年代が注目されるところである。また，この両者には，いわゆる「折り返し口縁」の技法が伴い，畿内の佐紀(さき)・盾列(たたなみ)古墳群，および古市(ふるいち)・百舌鳥(もず)古墳群などの埴

輪を供給した工人集団の系譜をひいている可能性が高い。この「折り返し口縁」と「低位置突帯埴輪」との共伴例は，栃木県羽生田茶臼山古墳例・岩舟甲塚古墳例・橋本古墳例，群馬県富岡市堂山稲荷古墳などで確認されている。群馬県藤岡市江原塚古墳でも「折り返し口縁」がみとめられ，群馬県西部の七輿山古墳例・堂山稲荷古墳例・江原塚古墳例などは同一系譜のものと捉えられよう。ただし，「折り返し口縁」は，群馬県太田市駒形神社境内埴輪窯址などでは欠落してしまう。「低位置突帯埴輪」の生産址である，群馬県東部の駒形神社境内埴輪窯址と，同西部の藤岡市本郷埴輪窯址・猿田埴輪窯址とでは，同一型式円筒棺の同一地域圏での出土などからも，技術的交流のあったことが暗示される。

なお，この「低位置突帯埴輪」の樹立は，群馬県地域ではほぼ前方後円墳に限られる。同時期の中小円墳などに供給される円筒埴輪とは規格上も明確に区別されており，そこにもヒエラルヒーが反映されている。

また，この円筒埴輪などとからませて，車崎正彦氏が「久喜型埴輪」なるものを設定された[7]が，その一要素である人物埴輪腕部の「木芯中空技法」[8]に関しては，上野というよりは，量的に多く生産址も明らかな北武蔵との関係を重視しなくてはならない。

4 関東の埴輪生産の特質

当地では，伊勢や尾張のように同一窯内で須恵器と埴輪が併焼されたケースは未確認であり，窯構造も異なるようである。また，内面に当て具痕（青海波文など）を伴った叩き成形の埴輪や，轆轤による須恵器のカキ目調整と関わる円筒埴輪の外面2次調整C種横ハケの使用が稀薄である点などからも，一部を除いて須恵器工人と埴輪工人との結びつきを積極的にはみとめがたい。同一窯址群内に埴輪窯址と須恵器窯址とが共存する例も少なく，仮りにあったとしても，埼玉県桜山窯址群のように，同一窯址群内に同時存在した両者の間には，作業工程上，ないしは技法上の交流はない[9]。数十基の埴輪窯址の確認されている茨城県馬渡(まわたり)埴輪製作址でも隣接して同時期の須恵器窯址は検出されておらず，須恵器の併焼もしていない。むしろ，土師器生産に須恵器生産の影響のみられる例を知る程度である。

関東では，畿内や東海地方でいわれる本来の「須恵質埴輪」はほとんど管見にふれない。これは，関東の埴輪工人集団の組織のされ方が，東海・畿内のものとは異なったことを意味しよう。仮りに，前者を「個別焼成型」，後者を「併焼型」と呼ぶことにする。ここでは，前者の方が後者に比してより分業化が進んでいたことを示している。

馬渡埴輪製作址[10]では，6世紀前半代を中心とする約30年間が操業期間といわれる。1基ないし2基が同時に操業していた期間があって，1基あたりの操業年数は3年前後と試算されている。また，灰原出土の円筒埴輪の分析結果から，その工人集団の規模が計4名と小規模であったことが指摘されている。さらに言われる技術的継承性や規格性，高い熟練度などは専業度を示唆するものである。この工人集団の小規模性は，先に森本六爾氏が東京都大田区下沼部の埴輪工房址を論じた際に，その作業位置の復元から2人以上を出ない家族的少人数の埴輪製作を推定した[11]ことと，およそ軌を一にしている。

また，尾崎喜左雄氏によって再調査された群馬県藤岡市本郷埴輪窯址では，調査された2基の窯址のうちの片方から「馬の埴輪ばかりが出土した」とされ，専業度の高い分業体制が暗示されていた。ところが，最近になって津金澤吉茂氏らによって，その発掘資料の整理が行なわれ，馬形埴輪以外に数種類の埴輪を併焼していたことが明らかになった[12]。

ところで，同一古墳に複数の技法・形態を違えた埴輪の樹立されていることが栗原文蔵・若松良一両氏らによって指摘されている。埼玉県稲荷山古墳などではそれを時間差として捉え，追加樹立と考えられている。また，梅沢重昭氏は，群馬県高崎市不動山古墳の円筒埴輪の多様性を捉えて，それを時間差でなく工人差として把握し，「5世紀型埴輪」なる名称で呼んでいる[13]。筆者は，同太田市朝子塚古墳出土円筒埴輪の分析から，その技法・形態・巧拙の入り混じったバリエーションを畿内から派遣された技術指導者のもとに，在地で臨時に土師器製作者などが徴発され，製作・貢納したものと考えた。そしてこれこそ梅沢氏の言を借りて「徴発・貢納型」と名づけ，古墳時代前期・4世紀段階の初期埴輪生産体制にみとめた[14]。

なお，埼玉県雷電山古墳例の外面ヘラケズリは，群馬県朝子塚古墳例のような畿内を中心とする川西編年Ⅰ・Ⅱ期の内面ヘラケズリとは区別しなくてはならない。後者がそれに先行する特殊器台や畿内の土師器製作技法との系譜上に位置づけられるのに対し，前者は在地の土師器製作技法との関わりから生まれたものである[15]。川西宏幸氏は，畿内「前期の埴輪生産が，土師器生産から分枝し，個有の技法体系をそなえた生産のひとつとして確立する途上にあって，なお土師器生産から完全には脱脚しえなかった状況を示唆」し，「各有力者のもとで，古墳造営を契機として随時組織されるような，集約度においてもなお相対的に低位の段階にとどまっていた」ものと推定されている[16]。これは，関東の場合においても同様であったのである。4世紀末葉段階に専業集団としての埴輪製作集団の編成を考える野上丈助氏の説[17]とは，意見の分かれるところである。

続いて，6世紀代の埼玉県生出塚埴輪生産址では，窯址数が多く，同時操業窯もそれに比例して多かったと考えられている[18]。また，製品の円筒埴輪には，突帯数2・3・4・6・8条の各種があり，増田逸朗氏らの研究成果[19]をもとにすれば，それらは各々の階層に応じて供給されていたことが推断される。このように一生産地から幅広い階層の古墳に埴輪が供給されていたことが知られる[20]。よって，「一古墳一窯」的に供給したのではなく，集約度の高い「固定分散型」[21]とでもいおうか，この窯場をベースとして，少なくとも古墳群単位に埴輪が供給されたのであろう。

一方，東京・神奈川などでは，確認されている埴輪生産遺跡の小規模性から，6世紀代においても「一古墳一窯」的な生産体制が推定されている[22]。

5 人物埴輪の出現

東北地方では，すでに福島県本宮町天王壇古墳などで，5世紀後葉段階に人物埴輪や猪などの動物埴輪が採用されている。関東でも，千葉県内裏塚古墳例，東京都亀塚古墳例，埼玉県稲荷山古墳例，茨城県三昧塚古墳例，群馬県保渡田愛宕塚古墳例，栃木県大和田富士山古墳例，同桑57号墳例などが人物埴輪樹立の最古式の例である。

このうち，内裏塚古墳例は江戸時代に墳丘から1丁ほど離れた地点より出土しているとのことで，直接的な繋がりをみとめるのは躊躇するが，

外堤上の樹立も考えられ，仮りにこれが伴うとすれば，5世紀第Ⅲ四半世紀に溯り最古となる。埼玉県稲荷山古墳例は TK 47 型式の須恵器 などに関わるとすれば5世紀後葉の段階で，すでに大型全身像の人物埴輪が出現していることになる。三昧塚古墳・亀塚古墳などは副葬馬具などの編年観から5世紀末葉の段階である。保渡田愛宕塚古墳例は，TK 47 型式の須恵器を模した土師器をもつ同八幡塚古墳に先行する円筒埴輪・小型の人物埴輪群の様相などから5世紀後半に位置づけられる。桑57号墳例も，川西Ⅳ期の円筒埴輪を含み，5世紀末葉にあてられる。また，短甲（横矧板鋲留式か）・石製双孔円板を含むⅣ期の石製模造刀子・三環鈴などを出土した大和田富士山古墳例が，5世紀第Ⅳ四半世紀に編年される。

以上，関東では，5世紀後半にまず大型前方後円墳に人物埴輪が採用され，栃木などでは桑57号墳のような中小規模の帆立貝式古墳にも導入される。畿内では，仁徳陵古墳や蓄上山古墳などから祭祀の中心となった巫女・男覡などの祭人埴輪が逸早く現われていると考えられるが，全容は明らかでない。埼玉県稲荷山古墳などをみると，初期の段階から鈴鏡を携えた巫女埴輪・琴弾埴輪・武人埴輪・盾持ち人埴輪など，その類型的な人物埴輪のセットが整っていることに気づく。先行する畿内の人物埴輪群の様相解明が期待される。

なお，内裏塚古墳への埴輪供給窯の1つとされる畑沢埴輪窯址では，馬・蓋・壺などの形象埴輪とともに，「武人が捧げ持った姿体を表現しているよう」な盾形埴輪が出土しているという[23]。盾持ち武人を表わした埴輪としても，初現的なものであろう。

6　埴輪配列復元の難しさ—埼玉県瓦塚古墳

若松良一氏は，埼玉県行田市瓦塚古墳の中堤上における形象埴輪群の配置をわずかな埴輪片から意欲的に復元した[24]。それによれば，高床式の「舞台」と，その背後の「殯屋」などの家形埴輪群を挟んで，主にA・B2群の人物埴輪群から構成されるらので，A群はさらに前後に「護衛グループ」と「儀式グループ」に，B群も「舞踏グループ」と「音楽グループ」に各々分けられている。このうち，「儀式グループ」とされるものの中で，鈴鏡を携えた巫女に向き合い饗応する仕種の女子半身像は特だん祭服も纏わず，頸飾りも付けてい

ない。他例をも勘案して，「若い巫女」というよりはメインでない「内膳の女子」とでもしておいた方が無難ではあるまいか。また，A・B両群を問わず，この復元された人物埴輪群中には，中心人物が欠落している。しかし，埴輪片の中には，彩色を施した美豆良や冠帽を表現したと思われるものが確認されており，主人公の男子首長が存在するのではなかろうか。

他に，B群の両脇に位置する家形埴輪とそれを守るかのように配せられた2個体の盾形埴輪と同様に，吹き放ちの高床式建物などを象った家形埴輪の前には，器財形埴輪のうち靫や玉纒大刀などの武具・武器を写した埴輪が置かれていたようである。なお，「舞台形埴輪」の後ろの堅魚木をあげた家形埴輪は「殯屋」としてよいか問題が残る。

7　くずれた埴輪配列—千葉県経僧塚古墳

千葉県経僧塚古墳の埴輪配列[25]を細分すると以下のようになる。

A群——朝顔形円筒埴輪と普通円筒埴輪とから構成される。形象埴輪を含まない。

B群——4個体の女子人物埴輪半身像からなる。

C群——7個体の馬形埴輪を中心に，一部女子人物埴輪を含む（前半部は馬形埴輪のみ，後半部は馬形埴輪と女子人物埴輪とが交互に配される）。

D群——2個体の犬形埴輪よりなる。

E群——4個体の人物埴輪と靫形埴輪。人物埴輪は，髭をたくわえ帽を被る盛装男子全身立像を中心に，女子半身像2体と壺を頭に載せたような格好の男子半身像。

F群——4個体の男子人物埴輪よりなる。

G群——堅魚木をのせた3個体の家形埴輪と，その間の2個体の男子人物埴輪。

H群——鶏形埴輪3個体よりなる。

I群——靫形埴輪2個体よりなる。

J群——3個体の女子人物埴輪より構成される。いずれも半身像で，手を挙げ踊るような仕種のものもみられる。

K群——男子人物埴輪よりなる。すべて全身像。

L群——女子人物埴輪よりなる。半身像である。

M群——4個体の男子人物埴輪と，その間の1個体の家形埴輪から構成される。

N群——4個体の女子人物埴輪からなる。すべて半身像。

このうち，中心的位置を占める埴輪群は，南南

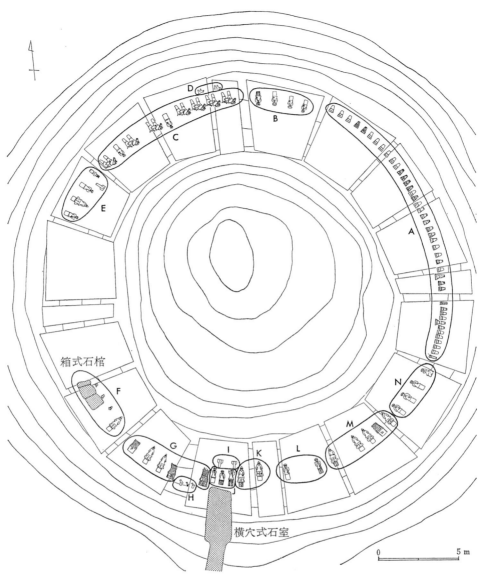

図1　千葉県経僧塚古墳埴輪配列図（註25）論文掲載図を改図）

西に開口する横穴式石室上部の埴輪群である。背面の円筒埴輪のみからなるA群のほぼ反対側にあり、家・靫・鶏・人物など最も多種類の埴輪から構成される。G群の家形埴輪のうち、横穴式石室に近いものが最も大きく作られているのは注目される。家形埴輪は前代までの群構成を崩し、人物埴輪の列中に取り込まれる。横穴式石室近くのH群の鶏形埴輪は常夜の長鳴鳥を彷彿させる。横穴式石室上の靫形埴輪は、竪穴系主体部以来、埋葬施設上にあって、その聖域を保護すべく置かれた古くからの伝統を依然墨守しているかのようである。K・J群の人物埴輪群が中心人物を表現したものと思われる。J群の女子人物埴輪に動きがみ

られるのはそれ故と推考される。恐らく、祭宴に関わる人物群であろう。

他方、人物埴輪は全体的に画一化・規格化して造像され、動きが少なく、その意図しているところを把みがたい。C群に馬飼人物埴輪でなく、女子人物埴輪が配置されるのは、埴輪樹立の末期的様相といえよう。D群の犬形埴輪は、本来、大阪府昼神車塚古墳例や群馬県剛志天神山古墳例のような、猪を追う猟犬を表現したものであった。

以上のように、埴輪列中に家形埴輪を混在させ、横穴式石室近辺に主要な形象埴輪をもってくる埴輪配列は、葬列を模したものとみとめるのに躊躇を覚える。

8　埴輪の消滅

　大塚初重氏が，茨城県下館市女方（おざかた）古墳出土人物埴輪の額部にみとめられる円形粘土板の貼付を仏像の白毫の影響とみる立場をとり，7世紀前半代の茨城県地域において埴輪工人たちが仏像を意識して製作していたことを推測されている[26]。その結果，関東地方の埴輪樹立の風習は7世紀後半には消滅したという最も新しくみる見解である。

　それに対して，逸早く安藤鴻基氏は，問題の女方第3号墳（藤の越古墳）例の円形粘土板を，女子埴輪に通有の櫛の表現と理解され，これらの資料を仏教文化浸透以降にくだらせる意見に対し，否定的な態度をとっている[27]。さらに，氏は埴輪を有する古墳のうち，時期的により下降し得る須恵器を出土した例を南関東を中心に集成・検討し，その年代観を主に須恵器から求めた。それによれば，いずれも田辺昭三氏による陶邑のⅡ期末〜Ⅲ期初に伴行する時期のものとされ，7世紀初頭を降るものとは考えられないとした。

　一方，金井塚良一氏は両者の説を批判的にとらえ，東国における仏教の受容がより溯ること，そしてその影響が埴輪にも認められるという立場を示唆されている[28]。さらに，北武蔵における埴輪の消滅時期を，胴張横穴式石室の採用や横穴墓の出現などという文化現象の画期と重なる西暦600年前後と把握している。

　ところで，前方後円墳と埴輪の消滅時期の関係は，常陸においては前方後円墳の虎塚古墳に埴輪が確認されておらず，前方後円墳の終焉に先駆けて埴輪が消滅したことを伺わせる。この趨勢は武蔵においても同様らしく，前方後円墳の終焉は埴輪の消滅より遅れ，7世紀前葉にかかる可能性が指摘されている[29]。上野では，埴輪を欠く最末期の前方後円墳の存在は明確ではない。6世紀後葉の前方後円墳でありながら，依然埴輪樹立の衰えを知らない観音山古墳例などをみると，埴輪はその後あたかも突如姿を消したかの感を呈する。そこには畿内ヤマト政権の政治的な規制がうかがわれる。

〔追記〕　小論は本来，前の「埴輪の出現」の後続部分として一連のもとに執筆したが，それを編集の都合上，2編に分割したものである。

註
1）　酒井清治「千葉県大森第2遺跡出土の百済土器」

古文化談叢，15，1985
2）　坂本和俊氏のご教示による。
3）　木下　亘「更埴市城の内遺跡出土の陶質土器について」信濃，37―4，1985
4）　石関伸一ほか『古海原前古墳群発掘調査概報』群馬県邑楽郡大泉町教育委員会，1986
5）　森田久男・鈴木　勝「栃木県における後期古墳出土の埴輪の一様相」栃木県史研究，12，1980
6）　加部二生ほか『金冠塚（山王二子山）古墳調査概報』前橋市教育委員会，1981
7）　車崎正彦「常陸久慈の首長と埴輪工人」『古代探叢』早稲田大学出版部，1980
8）　若松良一「五・人物埴輪腕の製作技法について」『瓦塚古墳』埼玉県教育委員会，1986
9）　水村孝行ほか『桜山窯跡群』埼玉県埋蔵文化財調査事業団報告，7，1982
10）　大塚初重・小林三郎『茨城県馬渡における埴輪製作址』明治大学文学部研究報告，6，1976
11）　森本六爾「埴輪の製作所址及窯址」考古学，1―4，1930
12）　津金澤吉茂ほか「群馬県藤岡市本郷埴輪窯出土の埴輪について」群馬県立歴史博物館紀要，1，1980
13）　梅沢重昭「関東の埴輪」『古代史発掘』7，1974
14）　拙稿「東国への初期円筒埴輪波及の一例と位置づけ」古代，59・60，1976
15）　佐藤好司ほか『埼玉県古式古墳調査報告書』埼玉県史編さん室，1986
16）　川西宏幸「前期畿内政権論」史林，64―5，1981
17）　野上丈助「埴輪生産をめぐる諸問題」考古学雑誌，61―3，1976
18）　山崎　武ほか『生出塚遺跡』鴻巣市遺跡調査会，1981
19）　増田逸朗「埼玉古墳群と円筒埴輪」『埴輪の変遷―普遍性と地域性―』群馬県考古学談話会ほか，1985
20）　山崎　武「埼玉県における埴輪窯跡について」（註19）に同じ）
21）　拙稿「埴輪研究の動静を追って」歴史公論，7―2，1981
22）　飯塚武司「東京都・神奈川県地域における埴輪編年」（註19）に同じ）
23）　安藤鴻基「千葉県木更津市畑沢埴輪窯址の調査速報」古代，57，1974
24）　若松良一『瓦塚古墳』埼玉県教育委員会，1986
25）　市毛　勲「人物埴輪における隊と列の形成」『古代探叢Ⅱ』早大出版部，1985。なお，埴輪配列図の原図を氏より借用した。記して謝意を表する。
26）　大塚初重『茨城県史・原始古代編』茨城県，1985
27）　安藤鴻基「埴輪祭祀の終焉」古代，59・60，1976
28）　金井塚良一「古墳の中の仏教文化（一）」歴史手帖，10―10，1982
29）　若松良一ほか『諏訪山33号墳の研究』1987

大津市発見の特殊器台型埴輪

■ 丸山竜平・梶原大義
滋賀県教育委員会　　歴史研究家

1 はじめに

　比叡山麓からその中腹にかけて，一際高くそびえる壺笠山は大津市域の南半部あるいは琵琶湖を距てた対岸にあたる湖南地域からきわだって目につく独立峰である。同様にきわだった独立峰は，北に日吉神社の神体山である八王子山，南に宇佐神社の神体山となった宇佐山がある。後者には森可成の守る宇佐山城が戦国期に営まれ，前者もまた戦国時代には戦乱の地（陣所）として重要視された。

　ここに紹介する壺笠山もまた眼下に望む坂本城の出城（砦）として明智光秀の築造を伝えるものであった。京へ登らんとする浅井，朝倉の連合軍は信長軍とこの比叡山麓で対峙したのであり，これらの高峯があますところなく要塞と化したといえる。このため壺笠山もまた中世の山城，とりわけ円郭式の城郭として研究者の間ではよく知られたものであった。

　遺跡発見の契機は，この城を訪れた地元の小中学生とその父兄である梶原によって土器片が採集されたことである。土器片の採集に魅せられた筆者の一人梶原は，家族とともに昭和61年2月以降，現地を踏査すること10回前後に及んだ。そしてこの年の11月に至って京都の歴史愛好家松野公明氏の指名に従い，筆者の一人である丸山に遺物の照会をしたのである。

　梶原宅を訪問した丸山は，かねてより日本の発生期古墳や特殊器台に関心を寄せていたため，一瞥してこの土器片が若干の中世末の土師器片を含むものの，大方が問題の時期に該当するものであることを感知した。そして，正確な情報を得るため現地の案内を梶原に乞うとともに，最新の知識と教示を得るため，これらを持参して岡山大学の近藤義郎氏を訪ねた。氏からは最近の研究成果についてご教示を仰ぐことができ，また岡山大学蔵の特殊器台，特殊器台型埴輪の実見を許された。さらに岡山行きの便宜を図っていただいた葛原克人氏は，岡山県立博物館・高橋護氏のもとに案内され，氏からもまた遺物についてのご教示を得ることができた。関係者の諸氏に衷心から感謝申し上げたい。

2 遺跡の形状—円墳か円形台状墓（円丘墓）か—

　遺跡は中世城郭として早くに大津市教育委員会によって測量されている。その測量図をもとに遺跡の形状を観察しておきたい。なお，四周の城郭関係の遺構については，測量図に記載をみているもののここでは省略したい。

　まず，遺物の出土は測量図中のアミ目部分すなわち上部平坦地南西部を中心に出土し，極く一部（1点のみ）が斜面で採集されている。その他の個所では全く遺物の散布が認められないが，遺物発見個所が倒木や掘削によって荒れていたため，遺物の発見を容易にしたものと推定される。他の個所では少なくとも枯れ草が10 cm近く堆積しており，遺物の発見をみないことの方がより自然とさえいえる。

　このことは，遺物出土地が特別の地区なのか，それとも四周の地下にも同様に多くの土器を包含している，通有の地区とみるべきかとの遺構と遺物との関連を予想する重要な分岐点となる。なんとなれば，この山頂平坦地とその周辺にどれほどの数の特殊器台ないし特殊器台型埴輪が並べ立てられていたのかとする重要な視点の目安になりうるからである。しかし，ここでは基礎資料を欠くため，この点についてはこれ以上深く立ち入ることはできない。

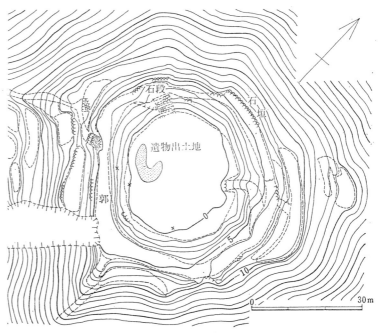

図1　壺笠山遺跡墳丘実測図

山頂部にはおよそ標高 450 m 前後の等高線がわずかに楕円形状を描きながら一巡する。この等高線とその東側では、ややはみ出した形で墳丘肩部（破線）として稜線が明瞭にされている。その規模は東西南北 34 m を測り、やや変形とはいえ正円形に近いもので、およそ 900 m² に及んでいる。そして、この平坦部のさらに外周では、およそ −5 m の等高線に相前後しながら円周する平坦地が観察される。

この平坦部は、北側で幅 3 m を測り、北西でやや幅を狭め、2 m 前後である。しかし、南側の平坦部は隅丸とはいえかなり鋭角に曲折し、とくに南西部では 5 m 以上の平坦地もみうけられる。この曲折部から西にかけては、中世に重要な役割をもった帯郭の形状が明瞭にうかがわれるといえよう。

すなわち帯郭の遺構とより古い墳丘とが一部重複し、墳丘裾部が大なり小なりこの郭によって削土されているとみてよかろう。それゆえ、帯郭がそれらしくない所こそ墳丘の形状をより良く残していることになろう。問題は城郭の遺構と墳丘との峻別をいかにするかであり、後世築かれた城郭が先行する墳丘をいかに改変しているかであろう。

このように見ると、城郭は本来的には方形区画（郭）を集合しようと努力したものである。にもかかわらず、壺笠山墳頂部に円形地形が多いことは、改作を中世に受けることが少なかったとみてよかろう。

とくに北側の −5 m 等高線付近の径から復元して、この墳丘は東西南北 48 m の正円形であったものと推定される。すなわち、墳丘高さ 5 m、直径 48 m、墳頂平坦部径 34 m の円形墳であったとみてよかろう。

では、これを円墳とみなしてはいけないのであろうか。この点については次の二つの点から即断しがたいといえる。一つは、この墳丘の上部平坦地が一般の古墳に比して異様に広いことである。もう一点は、後述するようにその年代がきわめて古く、古墳出現以降の墳丘なのか否かという根本的な問いが存在するからである。

3　出土遺物の編年的位置

既述した墳頂平坦部の限定された地区から、小破片を含め総数百点にのぼる特殊器台、特殊器台型埴輪、特殊壺、土師器の二重口縁壺が採集された。注意すべきは、ここには日常に用いられた高坏、器台などの器種が全く欠如していることである。わずかに二重口縁壺の出土をみているが、これとて日常生活から切り離されていたものと推定される。

また、その胎土は大きく 3 ～ 4 種類に分けられるが、地元の古式土師器を連想させる明るい色調の土器はごく一部に限られる。器台や器台型埴輪あるいは特殊壺などは明らかに茶褐色系統を示し、最近いわれる「シャモット」が混入しており、また細粒の角閃石が多量に含まれていた。ただし、これらの土器がどこの土によって作られたものか目下のところ確証はないが、恐らく吉備地域

からのものも少し含まれているかと予想される。

また、特殊器台ないし器台型埴輪のなかには明らかに型式差を示すものが認められる。たとえば、体部の手法には外面のタテハケメを横方向の小さいヘラミガキによって消し去っているものがある。この手のものは、内面をヨコヘラケズリすることによって器壁を薄くしている。これに対置しえるものに、外面に粗いタテハケメを施し、内面もまた粗いタテハケメを留めているものである。このような最小限二手の相違が、そのまま対応するものかどうか確証はないが、器台の脚部にも型式差が顕著であった。

一つは、脚端部が欠損しているが脚から胴部への移行点が大きく段をなして折曲しているものである。おそらく特殊器台の脚部として機能したものとみてよかろう。

これに対して、やや型式的に下がるものに、脚部がややハの字に開きながらも、端部外面を下から 3 cm のところでヨコ方向にヘラケズリを施しているものや普通円筒埴輪の脚部と同様のものが存在していることである。ここでは、脚部が地下に埋設される部位であることを物語っているものとすることができよう。

このような 2 つの傾向に対して組み紐文系統の土器片もまた 2 種以上認められた。それらの文様の違いは内外の器面調整の相違と対応しており、やはり型式差を示すものであろうか。しかし、文様構成の全容は土器片が小さく、明らかにすることができなかったが、巴文の円孔に沿って蕨手文様が 4 本の沈線によって描かれており、この蕨手から直交して放射状に延びる各 3 条の沈線からなる直線文帯は古い名ごりを伝えるものといえる。

また、後者の文様は巴文の円孔をめぐって弧を描く 3 条と 5 条とからなる二帯の曲線文様が認められ、孔のまわりを巡るものは蕨手の一部である。5 条の沈線からなる曲線が完全に円孔・蕨手のまわりを外輪として取り囲むものとは考えられない。そこには宮山型に至らないより新しい型式が想定される。

かといって、蕨手文となる曲線のみが円孔をめぐって転回する都月型より明らかに古いものであるといえよう。

このことは、その脚部にも反映しており、宮内庁報告による箸墓のそれが普通円筒埴輪の脚部と同様直立するのに比して、ここ壺笠山のそれには直立する以外にもやや内湾するものや、確実に段を持って広がり直立するものが存在した。

4　むすびにかえて

壺笠山遺跡出土の特殊器台型埴輪には明らかに 3 型式が認められたが、これらが 3 時期にまたがるもの、すなわち 3 次にわたる埋葬、2 次にわたる追葬を示すものか、あるいは 1 時期の埋葬に際し三様のものが同時併存していたのか、重要な問題を提起するところである。後者の立場をとれば、この遺跡の年代を 3 型式のなかで最も新しいものに求めなければならないし、前者の場合に

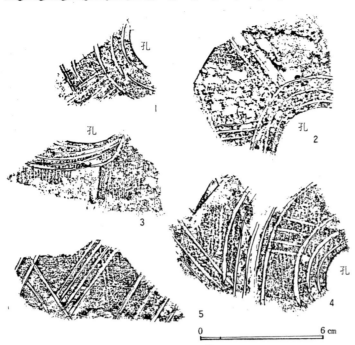

図 2　特殊器台型埴輪拓本

はその逆となり，最も古い型式をもって遺跡築造時期としなければならない。

では，この3型式はこれまで知られた特殊器台から特殊器台型埴輪への型式変遷のなかで，どのような位置を占めるのであろうか。資料の不充分さと筆者の浅学から器面の文様，わけても蕨手文を中心にみてみたい。

これまでに知られる蕨手文，すなわち都月型は，岡山県都月1号墳をはじめとして奈良県箸墓古墳や向日市元稲荷古墳で出土しており，その文様の特質は巴型の透しを中心に左向きとなった単体の蕨手文が数単位を構成し，円筒の器面を巡ることである。

また，これに先行する宮山型は，総社市宮山遺跡で知られており，その文様の特質は，文様構成が分割されるものではなく，横位置の組み紐文として不断の連続文となることである。この宮山型から都月型への変遷の間には，埴輪の誕生過程における画期的な断続が認められるのである。

ところで壺笠山遺跡出土の蕨手文は，前二者のうち都月型に属するものであるが，単体の蕨手文の外側になお弧を示す一帯の文様が認められることである。この弧帯が透しを中心に完全な展開を示すことは，中心に施された蕨手文がその裾部を直立させて文様構成を断続させることから不可能であるが，従来知られる都月型よりも先行する要素を持つことは明らかである。しかも認められるところでは，この2条の弧帯の間には直交する直線文帯が認められ，巴型透しから放射状に延びる直線文帯が各所に残存しているものといえよう。

すなわち，そこには宮山型の名ごりを所々にとどめながらも，なお都月型の基本形に変化したものであること

がうかがえたのである。逆に表現するならば，都月型より，より古相をもつものが発見されたことになる。内面が横方向のヘラケズリによって形成され，外面が横方向のヘラミガキで整形された他の1群では，現在知られる断片的な資料では，巴型透しを巡る蕨手文から放射状に数条の直線文帯が認められている。この1群が先のプロト都月型といかにかかわるか不明であるが，部分的により古い様相をもつものであることは確実といえる。

また，下限については，従来知られる都月型例が1例もないと思われるが，斜交する直線文（ヘラ描）や方形の透しの認められるものなどがあり，蕨手文との相対的な関連が不明のため，多くを論じることができない。また，その脚部が普通円筒型埴輪と区別しがたいものが認められるが，この脚部がどの文様と組み合わせとなるのかもまた不明である。

以上によってこの壺笠山遺跡が従来の「都月型」以前に属する可能性が高く，宮山型以後であることが判明した。しかも，宮山型がその脚部を器台としていたのに対して，壺笠山のそれは埴輪への変換期の姿を示しており，埴輪がいかにして発生したのかとする問題に興味を持たせるものであったといえる。

では，このような編年的位置に置かれる遺跡は古墳と呼ばれうるものであろうか。それとも円形台状墓あるいは墳丘墓と呼ばれうるものであろうか。

そこで問題となるのは大和の諸古墳との相対的年代であろう。大和ではすでに中山大塚古墳において宮山型直後，「都月型」以前の特器器台が発見されており，この古墳は全長120mに及ぶ前方後円墳であった。

また，全長276mの箸墓古墳では宮内庁の報告資料にはみられない宮山型類似のものが後円部で発見されている。とすれば壺笠山遺跡は，すでに大和に巨大古墳の築造が開始された以後，おそらく直後のものであり，これを古墳と呼ぶことも可能かと考えられる。しかし，その立地や墳形にはなお特異なものがあり，発生期古墳にふさわしい近江最古の古墳の発見と評することができよう。

比叡山の中腹高所（日本一高いところに位置する古墳ではないかとされている――森浩一氏談）になぜこのような特殊器台型埴輪をそなえた古墳が形成されたのか，近江の豪族と大和，吉備とのかかわり，埴輪の創始者などを含めてより研究を深めていきたいと考える。

"弥生ムラ"を解明した
愛知県朝日遺跡

朝日遺跡は弥生時代屈指の大集落としての全貌を徐々に現わしつつある。(財)愛知県埋蔵文化財センターによる昭和60年・61年度の調査では、他に例を見ない発見が相次いだ。たとえば、防禦施設としての柵・逆茂木・杭群、弥生中期としては最大の長辺30mを超える方形周溝墓2基、木製臼を転用した井戸など。また、集落としての変遷過程も徐々にではあるが見通しの述べられるところにきている。"弥生ムラ"としての評価を明らかにすべきときだ。

構　成／石黒立人
写真提供／(財)愛知県埋蔵文化財センター

北居住域東辺の環濠（弥生時代中期後葉および後期）
写真右方が居住域。写真左方は居住域外となり、弥生時代中期の方形周溝墓群が展開する。

北居住域南辺の遺構検出状況（弥生時代中期後葉）
北居住域東辺部の環濠は、南辺部では1条の大溝、柵2列（A・B）、杭群a・bという構造になる。

◀柵B部材の遺存状況

愛知県朝日遺跡

東墓域方形周溝墓群（弥生時代中期）
太白線は弥生時代中期前葉の大型方形周溝墓（R・S区SZ03）

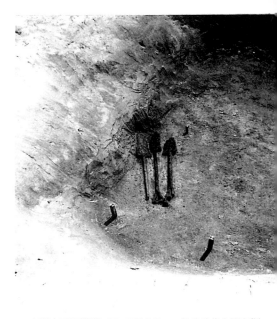

大型方形周溝墓（T・U区SZ01：弥生時代中期後葉）
北溝東端で出土した一木鋤3本

南居住域の円形住居と方形住居
中央の円形住居は中央ピットの両側に小ピットをもつ。
左上方の方形住居とともに弥生時代中期前葉に属す。

ヤナ遺構（弥生時代後期後半）

小型仿製鏡（南居住域包含層上部出土）
（弥生時代後期後半〜古墳時代初頭）

渡来系氏族の遺構
大津市穴太地区の遺跡

大津市の北部地域は6世紀後半から7世紀前半にかけての時期の古墳が密集することで知られているが，最近この地域の調査が進み，とくに野添古墳群からは横穴式石室のうちの半数からミニチュア炊飯具形土器が出土している。さらに平地における同時期の集落遺跡の調査では切妻大壁造住居やオンドルを備えた住居が発見されるなど，渡来系氏族の住居と目されている。

　　構　成／松浦俊和
　　写真提供／大津市教育委員会

野添古墳群の発掘調査
12号墳の横穴式石室(上)と，18号墳石室内の遺物出土状況(下)。右端にみえるのがミニチュアカマド。

飼込古墳群18号墳
野添古墳群のすぐ南に位置する（昭和61年調査）。

大津市穴太地区の遺跡

161号線西大津バイパス穴太弥生町地区で発見された切妻大壁造住居（上）とオンドルを備えた住居（下）。

●最近の発掘から

弥生時代の大集落跡——愛知県朝日遺跡

石黒立人 愛知県埋蔵文化財センター

朝日遺跡は現五条川左岸の東西にのびる微高地（標高約2.5m）上に位置し，その遺跡範囲は愛知県西春日井郡清洲町・同春日村・同新川町，名古屋市にまたがる推定80万m²といわれる。しかしこの範囲も居住域・墓域などを中心としたものであって，水田・畑などを含めれば想像を絶したものとなる。

朝日遺跡の調査は戦前・戦後の小規模に繰り返された時期を経て，昭和46年以後徐々に大規模化した。とくに昭和47年に始まった愛知県教育委員会による環状2号線（国道302号）建設に伴う事前調査は8ヵ年に及ぶ県下初の長期調査となり，その結果それまで独立した遺跡とみられていた貝殻山貝塚，寅ヶ島貝塚などの諸貝塚は朝日遺跡内の地点にすぎないことが明らかとなり，ここに「朝日遺跡群」から「朝日遺跡」への名称変更が行なわれ，また昭和57年には県教育委員会から報告書『朝日遺跡』が刊行された。

朝日遺跡の調査は昭和56年には県教育委員会を引き継いだ（財）愛知県教育サービスセンターが西墓域の一部を単年度調査し，昭和60年以後新しく設立された（財）愛知県埋蔵文化財センターが調査を引き継ぎ，現在に至っている。

昭和60年度は国道22号バイパス（通称名岐バイパス）西側約9,000m²を調査し，昭和61年度は国道22号バイパス下および東側の約22,000m²を調査した。

1 玉作関連遺構と遺物

朝日遺跡ではすでに玉作関係遺物の出土をみていたが，昭和6）年度の調査において工房跡を検出したことにより，玉の直接生産を実証した。詳細は文献2）で丹羽博が紹介している。北居住域南縁の一角で検出された工房跡はⅡ期に属し，中央ピットをもたない円形竪穴で通常の住居遺構と大きく異なる。玉製作技法は大中の湖技法に近似するものの，石材が凝灰質頁岩で異なり直接対比するには至らなかった。ところが昭和61年度の調査では碧玉製管玉生産に係わると思われる遺物が東墓域下で検出されたⅡ期の方形竪穴埋土からまとまって出土し，大中の湖技法との関連性が強まった。なお，前記工房跡からはヒスイの砕片も出土しており，製品としてのヒスイ製勾玉・臼玉の出土していることと合わせて管玉以外の玉生産の行なわれていた可能性を示唆する。

朝日遺跡における玉生産のあり方は，現状でⅡ期に限定して推定する以外にないが，〈囲郭集落〉化の動きの中で工房を環濠外から環濠内へ移している様相が窺え，また流通に関しては，近在する弥生遺跡での未製品未検出の点を評価すれば，朝日遺跡が製作・分配の中心であった可能性も考えられる。

2 大型方形周溝墓

昭和61年度の東墓域の調査において過去の調査例を上回る規模の方形周溝墓を2基検出した。Ⅱ期の例は台状部裾（周溝の内側下場）で東西長34m，南北24m，Ⅲb期の例は東西長のみ35mを測る。盛土はほとんど削平され，主体部は検出できなかったが，Ⅱ期例は周溝深さ約2mを測り，盛土を加味した本来の威容がしのばれる。両周溝墓とも，四隅の切れる周溝一端の底部から木製土木具が出土し，造墓時における儀礼の一部を明らかにした。恐らくは，周溝掘削→盛土→埋葬施設構築→死者の埋葬という順序での墓域における葬送儀礼の流れの中で，最終段階に遺棄されたものであろう。土器の供献あるいは廃棄と同段階に位置づけられる。

今回の大型方形周溝墓検出の意義は，(1) 朝日遺跡における周溝四隅の切れる平面状態の出現を機能的に説明できること，(2) 東墓域の群構成およびその変遷を構造的に説明できること，(3) 集団構成復原の見通しが得られたことなどである。今後細かい検討を加えていかなければならないにしても，その重要性を指摘してしすぎることはあるまい。

大型方形周溝墓以外では，Ⅳ期の方形周溝墓の検出例が増加し，一定の評価を加えることが可能となった。要約すれば，周溝四隅の切れる平面形態は皆無か，あってもその場合はⅢ期以前の方形周溝墓再利用，墳丘における盛土の占める率の増加，複数主体（とくに土器棺の多用），周溝内出土土器の器種・量の増加と一部にみられる廃棄など，Ⅲ期以前の方形周溝墓とのギャップは大きい。つまり，方形周溝墓制という墓制上の連続性はあっても，実態として諸側面における断絶は顕著なのである。この点は，墓域の展開に最も特徴的に表われている。すなわち，東墓域における造墓活動の停滞（消極的否定），西墓域におけるそれ以前に築造された方形周溝墓の破壊（積極的否定）と南微高地北縁での墓域（新西

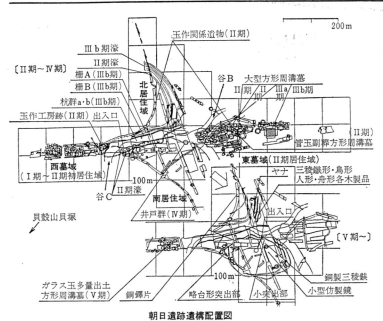

朝日遺跡遺構配置図

墓域）の新規設定というように，墓域自体の継続性は低調である。とくに，南微高地北縁への墓域の新規設定は，旧西墓域での否定行為と相応したものとすれば，東墓域から旧西墓域，旧西墓域から新西墓域へという墓域占有集団の力関係を背景とした占有地（墓域）の移動として把握することもできる重要な事象である。

3 ＜囲郭集落＞化の時期と構造的特性

朝日遺跡において居住域を環濠などの防禦施設で囲む時期は，これまでの調査でⅡ期後半，Ⅲb期後半，Ⅴ期中頃，Ⅴ期末（かⅥ期初め）の大きく4回に整理できることが明らかになった。

Ⅱ期後半の＜囲郭集落＞化は，Ⅰ期以来自然的拡大をとげてきた居住域の大幅な圧縮をもたらし，結果として跡地を墓域化しただけでなく，集落の基本的空間構造を規定するものとなった。恐らく＜集住＞後の土地再分割においては旧居住域占有集団がその墓地化にあたって占有権を主張・確保した可能性もあり，それが西墓域と東墓域の構成上の差異に現象したと思われる。東墓域下で検出された掘立柱建物や玉作遺物と，大型方形周溝墓や玉を副葬した方形周溝墓との関連を重視したい。

ところで，Ⅱ期＜囲郭集落＞の平面構成をみると，居住域を内区（あるいは内郭）とし，環濠などの錯綜する区画帯を外区（あるいは外郭）とする他に例のない特徴を認めることができる。もちろん，直接切り合い関係のない遺構の同時性を証明することは困難ではあるが，逆に切り合いのないこと，埋土の共通性から同時性を推定しておきたい。

こうした，外区（外郭）の存在は，以後3回の＜囲郭集落＞化においても認められるものの，前2回の外区

（外郭）の重装性はやはり特筆に値しよう。Ⅲb期後半例では，谷C内の結界施設が地形的制約もあってか，最も内側の大溝に平行して柵2列（A・B），杭群a・bという構造を有していた。柵は本体となる枝もちの柵木（高さ2m以上）の他に，根もと付近に枝もちの木を南へ斜めに並べるという手の込んだ造り方をしており，とくに後者が「逆茂木」であったとすれば重要である。また，杭群a・bは本来1m以上の高さはあったと思われ，切れ目をもちながら帯状につらなるだけでなく南へ傾斜して打ち込まれていることは，その性格を「逆茂木」と看做しえようか。なお，柵A・Bとも溝内へ廃棄された状況で検出されたが，溝埋土下半に撹乱土が充填されていたこと，本来の位置で残っていた柵部分の根本周囲も同じく撹乱土が取り巻いていたことから，溝自体は「布掘り」的存在であって本来は埋め立てられていたか，多少窪んでいた程度のものであったことが窺われた。

前2回の著しい重装化傾向に対し，後2回はやや簡素な感じである。南微高地の環濠は，Ⅴ期中頃は1条環濠であり，Ⅴ期末（かⅥ期初め）にならないと2条にならない。しかし，61C・D区で検出した略台形の突出部やその他の小突出部の存在は，簡素故にかえって目立つ。北微高地環濠の全容が不明のため，朝日遺跡内での比較はできないが，突出部については県内甚目寺町阿弥陀寺例や静岡県伊場例など類例もある。61年度に検出した南微高地外環濠の切れ目も含めて，Ⅴ(Ⅵ)期＜囲郭集落＞の平面構成上の特徴は，外郭の厚みを減じるかわりに，外郭ラインに変化をつけて，防禦性の質を向上させたとも思える。先の略台形突出部は出入口の可能性があり，また外環濠・内環濠それぞれの切れ目をずらして両濠間を50m以上も通らねばならない出入口を設けている点からもうなづけよう。

以上，大雑把に概要を述べてきたが，早急に詳細な変遷を語れるように努力する所存である。諸氏の御高配を賜わりたい。

＜参考・引用文献＞
1) 愛知県教育委員会『朝日遺跡』1982
2) (財)愛知県埋蔵文化財センター『年報 昭和60年度』1986
3) (財)愛知県埋蔵文化財センター『埋蔵文化財愛知』No.5～No.8，1986～1987
4) (財)愛知県埋蔵文化財センター『年報 昭和61年度』1987

●最近の調査から

6世紀〜7世紀の群集墳──大津市穴太地区の古墳群

松浦俊和 大津市教育委員会

　琵琶湖の南湖を西から南にかけて取り囲むように広がる大津市は，周囲の山並が湖岸近くまで迫り，平地が極端に狭いという地形的特徴をもつ。なかでも琵琶湖西岸の大津北郊地域はとくにその傾向が強く，比叡の山並が湖岸近くまで迫り，山麓から湖岸までの距離は広いところで 1.5 km 前後，平均して 1 km 前後しかない。このような状況下にあるにもかかわらず，同地域には大津宮跡をはじめとして縄文時代から室町時代にかけての重要な遺跡が数多く残る。

　とくに，6世紀後半から7世紀前半にかけての時期の古墳が密集する地域として早くから注目されていた。大津市坂本から同市錦織にかけてのわずか南北約 5 km 前後の間に，現在確認されているものだけで約 500 基，破壊されてしまったものを含めると 600 基を越える数の古墳が造られていたと考えられている。当地域では，小規模なもので 10 基前後，大規模なものでは 100 基を越える古墳が1つの群を形成しており，平均して 30〜50 基前後の古墳群が最も多く見られる。同地域の主な古墳群をあげると，北から坂本地区の日吉大社境内古墳群，穴太地区の野添古墳群・飼込古墳群，滋賀里地区の大通寺古墳群・百穴古墳群・熊ヶ谷古墳群・太鼓塚古墳群，南志賀地区の福王子古墳群などがある。

　これらの古墳群は，現在までに宅地開発や道路建設などの工事に伴い実施した多くの発掘調査により，古墳の内部主体である横穴式石室の構造や副葬品などについてかなり解明が進んでいるといってよい。現在も大津市教育委員会では，大津市坂本穴太町に所在する野添古墳群の発掘調査を行なっており，新しい資料を提供している。ここでは，野添古墳群の現在までの発掘調査成果を中心に，展辺地域の古墳群や湖辺に広がる平地で進められている集落遺跡の調査結果もあわせて報告する。

1　穴太野添古墳群の発掘調査

　野添古墳群は，比叡山系から派生した小さな丘陵の南側斜面に位置しており，その南側には四ツ谷川がつくる小さな開析谷が走る。100 基を越える円墳で構成されており，古墳群の大半の地域は昔から墓地として利用されている。

　発掘調査は古墳群のなかで最も西側にあたる区域，すなわち古墳群の最深部にあたる約 6,000 m² の土地を対象として実施している。調査は昭和 61 年 11 月から開始し，今も継続中であるが，現在まで 25 基の円墳が発見されている。

　これらの古墳は，東西2つの群に大きく分かれる傾向にあり，うち 11 基から内部主体を検出している。1基を除き，いずれも横穴式石室で，平面形態は両袖式が圧倒的に多く，7基を数える。残りの3基は片袖式で，すべて左片袖式。石室の開口方向は，南西方向から南東方向にかけての間でかなりバラツキが認められるが，南からやや西へ偏った方向を示す例がもっとも多い。

　次に，玄室の平面形態は縦長の長方形プランが圧倒的に多く，正方形プランは1例だけ確認されている。しかも玄室の長さは 3.20 m 前後を計るものが大部分を占め，石室の築造に一定の規格があったことをうかがわせる資料として興味深い。また羨道はわずかな例を除いて，長いものが多く，6.0 m を越えるものも見つかっており，周辺の地域とは異なった状況を呈している。

　さらに，副葬品については，大津北郊地域の同時期の古墳に多く見られるミニチュア炊飯具形土器（カマド・ナベ・カマ・コシキの4点セット）が本古墳群でも出土しており，10 基の横穴式石室のうち半分の5基から発見されている。

　なお，これらの横穴式石室に混じって1基だけ竪穴状石室が確認されている。現在調査中であるため，性格・規模などについては明らかになっていないが，本格的な発掘調査ではじめて発見されたものであり，今後の調査に大きな期待がかかる。

　最後に，墳丘についてみると，東西方向にのびる小丘陵の尾根上から南側斜面にかけてのひじょうに狭い範囲に，25 基を越える古墳が造られていることから，古い墳丘をおおうように新しい墳丘が次々に築かれており，ひじょうに複雑な状況を呈している。今回の調査により，はじめて古墳群における墳丘の築造方法に科学のメスが加えられたことはひじょうに意義深いことであり，今後の古墳研究にとって貴重な資料となる。さらに，調査が進めば，各墳丘の詳細な築造順序などの新しい事実が明らかになることであろう。

2　飼込古墳群の発掘調査

　穴太地区では，前記の野添古墳群の発掘調査以外に

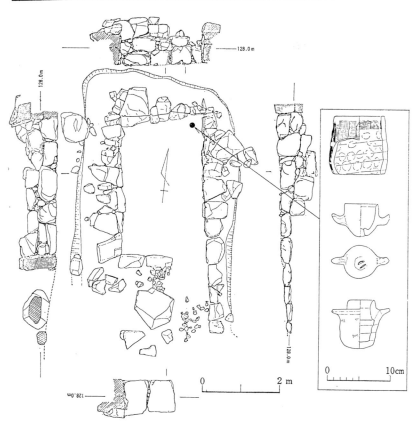

飼込 15 号墳横穴式石室実測図・出土遺物
●印：ミニチュア炊飯具形土器（3点）出土地点

も，古墳の調査が多く行なわれている。とくに，飼込古墳群の調査例は多く，現在までに昭和43年，昭和53年に2ヵ所，昭和61年のあわせて4度の発掘調査が行なわれ，18基の横穴式石室が確認されている。

本古墳群は，野添古墳群とは四ツ谷川がつくる小谷を隔てて南側の丘陵緩斜面に位置し，現在45基余りの古墳が知られている。4度にわたる発掘調査により発見された18基の横穴式石室は，いずれも残りが悪く，墳丘もほとんど残っていなかったため，石室の規模や墳丘の築造状況などを明らかにすることはできなかった。だが，先の野添古墳群とは異なり，石室の平面形態は両袖式と片袖式がほぼ同数で，しかも石室の計測値に大きなバラツキが認められる。

このように，直線距離にしてわずか500m余りしか離れていないにもかかわらず，石室の平面形態などに微妙な差異が認められることは，同時期の古墳群に地域差が存在することを示すものであり，今後はそれぞれの古墳群を残した人たちの生活の場である集落遺跡と一体となった総合的な発掘調査が必要となってくる。

3 穴太地区の集落遺跡発掘調査

穴太地区では，先述した古墳群の調査だけでなく，平地における集落遺跡の調査もようやく行なわれるようになり，丘陵斜面に多くの後期古墳を残した人人の集落の内容が徐々に明らかになってきた。

近年，穴太地区では，旧国鉄湖西線や161号線西大津バイパスなどの工事に伴う大規模な発掘調査がたびたび行なわれ，集落に関する2つの新しい事実が報告されている。ひとつは穴太およびその南に位置する滋賀里地区に集中して見られる切妻大壁造住居の発見，もうひとつは，オンドル（温突）を備えた住居の発見である。

まず，切妻大壁造住居は，現在穴太・滋賀里両地区を中心に，南志賀・錦織地区などで10余りの遺跡から発見されている。幅80〜100cmの溝が方形にめぐっており，一辺7〜9mの規模をもつ。溝内には柱列がみられ，一辺の中央付近で溝が切れ，入口の存在を示すような例もある。いずれも6世紀末から7世紀前半にかけての時期に属する遺構であり，古墳群の築造時期にほぼあうことから，渡来系氏族の住居として注目されている。

これに加えて，去年，大津市教育委員会が実施した西大津バイパス穴太弥生町地区の発掘調査において，朝鮮半島でいまも利用されているオンドルによく似た石組の遺構が発見され，話題になっている。遺構は全長約4m，焚き口・燃焼室・煙道からなり，床面に粘土が貼られ，2個の支脚の石が据えられた燃焼室の左側に煙道がとりつく。煙道は北から北東方向へゆるやかに曲がり，先端は焚き口より約40cm高くなっている。時期は7世紀前半と考えられ，先の切妻大壁造住居より新しいものである。

このように，穴太地区では，渡来系氏族の残した集落と古墳の調査例が飛躍的に増加しており，大津宮遷都に大きな力となったとみられる渡来系氏族の生活の実態が徐々に明らかになってきている。その全容を把握することも不可能なことではないと思われる。

連載講座
日本旧石器時代史
5. ナイフ形石器文化期の石器

文化庁文化財調査官
岡村 道雄

● 器種分類について ●

ある地域の生業や文化などを明らかにし，他地域と比較することによって集団の特色や違いなどにまで言及しようとする考古学にとって，ある遺跡に残された遺物やその出土状況を正確に把握し記載することは，研究の出発点であり最も基礎的で重要な作業である。遺物の出土状況の正確な把握とは，同一生活面にある集団が一定の連続した時間内に残した一括遺物を，正確な層位区分に基づいて検出することである。検出した結果の記録は，目的と情況に応じて方法を決めれば良い。やっかいなのは多量に発見された遺物の全体像を，いかに正確に記録するかである。しかも，われわれには記録のための無限な時間はない。そこで，長さ・幅・厚さ・重さなどの法量，あるいは平面・側面・断面などの外形，そしてとくに石材の特徴なども含めた製作技術などの諸属性を詳細に観察・抽出し，それらのさまざまなレベルでの最大公約数的な部分をもって器種あるいはその内に潜む下位レベルのまとまりとしての型式について段階的にとらえた分類をしていく必要がある（表2）。なお，製作技術の特色とは，素材に対する二次加工の種類（平坦剥離，通常剥離，鋸歯状剥離，両極剥離など）とそれらが施される部位や方向，組合わせ，連続性，角度，深度，素材の変形度などである。法量と外形は，これらのトータルな姿であり，そのために直観的・経験的な分類でもほぼ正しく器種や型式が判別できてきたのである。

器種や型式の設定に当っては，その典型例と変異の範囲を明示し，他に対して排他的な一つ以上の属性を抽出する必要がある。なお器種とは，一定の機能・用途を備えた一種類の道具と規定し，

型式は同一器種の中で対象物の細かな違い，操作法や着柄法など使用法の若干の違い，あるいは文化・伝統の差による型の違いであると概念的に定義できる。しかし，それらの機能・用途あるいは分布の特色などが明らかでない現状では器種・型式の評価は困難である。そこで作業仮説としての分類の大別と細別を行ない，異なったバックデータ（周辺環境・遺跡立地・出土状況・遺構・共伴遺物・時期）をもつ石器群を定量的に記載し，相互の関係を反復検証しながら評価・解釈する必要があろう。そして，器種・型式の分類は，この利用過程で修正・陶汰される。さらに重要なのは，使用痕研究による個々の遺物の機能・用途分析を通して，形態分類の枠組についての評価・解釈を進め

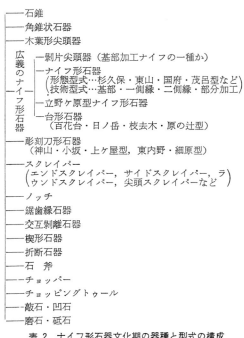

表2　ナイフ形石器文化期の器種と型式の構成

89

ることである。なお，できるだけ主観の入り込まない規定に基づく定量的な記載は，異なる石器群相互を比較するうえで必要不可欠である。

以上のような視点に立ち赤沢ら[1]が石器のカタログ作りにとりくみ体系化した。その方向性は，大いに評価される。しかし，技術形態学的な分析は，その必要性がようやく認識され，個別にいくつかの器種について試み始められた段階である。

ここでは，一般的な器種・型式分類について紹介し，各地域や時期の石器組成の特色を明らかにし，各型式の分布状況を分析する前提としたい。

● 各器種と型式 ●

1. 石錐

剝片の端に二次加工を加えて尖らせ，刃部を作り出す。基部と尖頭部に境界があるものとないものがある。穿孔に用いたと推定されている。

2. 「角錐状石器」

部厚い横長剝片を素材とし，その打面および反対側縁を鋸歯状に剝離して尖頭器状にする。剝離は背面のみに施し，腹面をそのまま残す。このため断面形は，三角形ないし台形を示し，平面形は長三角形〜長菱形を呈する。全周縁に剝離が及ぶことが原則であるが，基部端には素材の一側縁をわずかに残すものが多い[2]。尖頭器様石器，舟底形（様）石器，ゴロゴロ石器，三稜尖頭器などとも呼ばれる。三稜尖頭器という名称は，九州地方で用いられるが，その中には素材の腹面まで剝離され三面加工になるものも含まれる。また舟底形（様）石器 という 名称は，形状が 舟底形の ためであるが，東北北部から北海道の細石刃文化期に属する舟底形石器と混同され，後者ははるかに大きく，稜からの剝離がほぼ例外なく入り，分布の地域・時期も異なるので同一視できない。

この石器は，断面が三角形（Ⅰ）と台形（Ⅱ）のものに細分される場合が多い（図16）。また尖端部が作り出されていないものをスクレイパーとして除外することもある。つまり，ぶ厚い素材の両側に鋸歯状の剝離を施し，中高で裏面は平坦であるという共通性に注目して同一器種と考えるか，尖頭部の有無によって二器種に細分するかは意見が分れる。ただし尖頭部が折れた物が多く，少なくとも刺突用の一群があったであろう。このような問題をかかえ，適当な名称もないが，現状で最も多用されている「角錐状石器」という用語で一括し

ておく。なおこれは，南関東から瀬戸内・九州地方に分布し，東北地方にもわずかにある。

3. 木葉形尖頭器（槍先形尖頭器）

平坦で奥まで入る剝離によって扁平な素材を面的に加工し，木葉・柳葉形に仕上げる。当文化期終末に出現し，地域によって発達の程度が違う。

槍先に使用されたらしい。ただし，外国での着柄例から見たり，加工が片側に入念でそこに刃こぼれがあり，他の側縁部がやや厚くなっているなどの特徴をもつものも多いことから，着柄してナイフやスクレイパーとしたものも多かったであろう。

4. 剝片尖頭器

末端の尖った縦長剝片を素材とし，打面部の両側にノッチ状の急角度な加工を施した石器。先端部や側縁も加工される場合があり，その違いによって細分されている[3]。九州全域と山口県の一部に分布し，2万年前ごろに特徴的である。基部の加工状態や，側縁を先端まで無加工で残す例が多いなどナイフ形石器に類似し，それに含めることもできる。突く・切る機能が推定されている。

5. ナイフ形石器

剝片あるいは石刃を素材とし，その鋭い縁辺を一部に残し，他の縁辺は「刃潰し加工（ブランテング）」によって鈍くしている。広義には台形石器も含まれ，剝片尖頭器も含められよう。この石器は約2万年前以後に，遺跡によっては二次加工ある石器の 9割以上を 占める こともある。しかし，先端の尖るものとそうでないもの，典型的な刃潰し加工と通常の剝離に近い刃潰し，截頂剝離によるものなどがあり，器種・型式の再編が必要であろう。

ここでは一般的な分類の基礎となり，比較的包括的である安蒜の方法を紹介する[4]（図15）。まず素材の特徴，刃潰し加工が施される場所，全体の形状などによって，1. 基部加工，2. 片側を中心とする一側縁加工，3. 片側と他側の基部が中心の二側縁加工，4. 素材を截ち切るような部分加工に分類している。さらに1は刃先が尖るものと平らなもの，3は主に縦長剝片を素材とし刃部が比較的長く刃潰し加工との間に鋭い角度をもつもの（3a），主に横長剝片を素材とし刃部がより小さく刃潰し加工との間の角度が鈍いもの（3b），刃部と刃潰し加工とが直交するようなもの（3c）に分類されている（図15）。

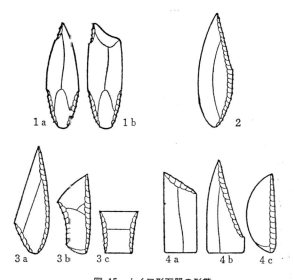

図 15 ナイフ形石器の形態
1：基部加工（1a 直線稜形，1b 三叉稜形），2：一側縁加工，3：二側縁加工（3a 茂呂系，3b 切出形，3c 台形状），4：部分加工（4a 先断形，4b 斜断形，4c 側断形）

この分類を従来の型式に照合するならば，1aは杉久保型（柳葉形の石刃を素材とし刃潰し加工が基部周辺と先端部に施される），1bは東山型（先端の尖らない石刃を用い，打面付近の縁辺に細かな刃潰し加工），2は国府型（翼状剝片を用い，その打面部に刃潰し加工），3aは茂呂型（縦長剝片を素材として，刃潰し加工が一側辺と相対する基部に加えられ刃部が斜行する）をそれぞれ包括し，3bは切出形石器，3cは台形石器の一部に相当しよう。1a・3aは，基部加工があり先端が尖り先端の欠損が多いことから，主に着柄して槍のように使用されたといわれる。2も同様であろうか。これに対して4は，鋭い側辺を切截に用いたといわれる。また，1b・3b・3cなど基部加工はあるが刃部の尖らないものは，別な使用法が考えられる。

6．「立野ヶ原型ナイフ形石器」

剝片の末端部を中心に浅い角度の二次加工や背面から腹面への二次加工を施した小型な石器で，台形に近い形状をもつ[5]。ウワダイラ型台形石器とも呼び，富山県で集中的に発見されて注目された。秋田県で台形様石器Ⅱb類と呼ぶもの[6]などを初め，類似した石器が九州から北海道まで約2万年前を遡る時期に台形石器，局部磨製石斧などと共に分布している。ナイフ形石器・台形石器との関連も含め，器種・型式分類，系統関係などの研究が重要課題である。なお，「米ヶ森型台形石器」は，大きな平坦打面をもち末端が先細りにな

り背面側にまくれる剝片を用い，末端に二次加工が施されるもので，この流れをひく石器であろう。

7．台形石器（台形様石器）

台形石器は狭義のナイフ形石器と共存し，先端が尖らないという顕著な差をもつので別器種としてとりあげる。剝片・石刃を素材とし，台形に整形したものである。平行する二辺のうち幅の広いほうが刃部で，狭いほうが基部となる。二次加工は主として両側，ときに基部にも加えられる。

大きさ，形態，素材の特徴，二次加工の方法などによって，百花台型・日ノ岳型・枝去木型・原の辻型が抽出されている。百花台型は，縦長の小剝片を横に用い，打面を折断してそのまま利用したり刃潰し加工を施して台形に仕上げるが，刃部の反対側には加工のないものが多い。日ノ岳型は，貝殻状の剝片を横に用い，末端と打面部が折断，平坦剝離・刃潰し加工によって調整される。縦長の台形を呈する。枝去木型は，不定形剝片を横に用い，打面を除去し，両側辺の背腹両面には平坦な剝離を施し，断面は凸レンズ状になる。両側は内湾し，全体的にバチ形である。原の辻型は，不定形剝片を横に用い，打面を直線状に加工して除去し，そこを打面にして背面側に平坦剝離を加える。反対側は腹面からのノッチ状の加工で整えている。なお小田は百花台型を台形石器，その他を台形様石器と呼んで区別している[7]。

台形石器は，始良火山灰降下（約2.2万年前）前には存在し，九州地方では細石刃の出現まで盛行する。しかし，各型式の新旧は確定していない。各型式とも西北九州に集中しているが，本来九州全域に分布するらしい。遠く秋田県や北海道南部にまで分布する。

なお，百花台型は長さ1〜2cmで規格化しているため直刃の鏃あるいは組合せ道具とする説があり，逆に他は長さ3〜5cmの大型であり，基部加工が進み逆三角形に仕上げられているので，着柄して単独で使用したといわれるが明らかでない。

8．彫刻刀形石器

剝片または石核の一端に一条または数条の細長い溝状の剝離を施したもので，この部分が彫刻刀の刃先に似ているのでこの名称が与えられた。細長い溝状の剝離を樋状剝離（フルーテング），その剝離痕を彫刻刀面（ファシット），剝離によって生じる小剝片を削片（スポール）と呼ぶ。

彫刻刀面の位置や剝離の角度，あるいはその剝

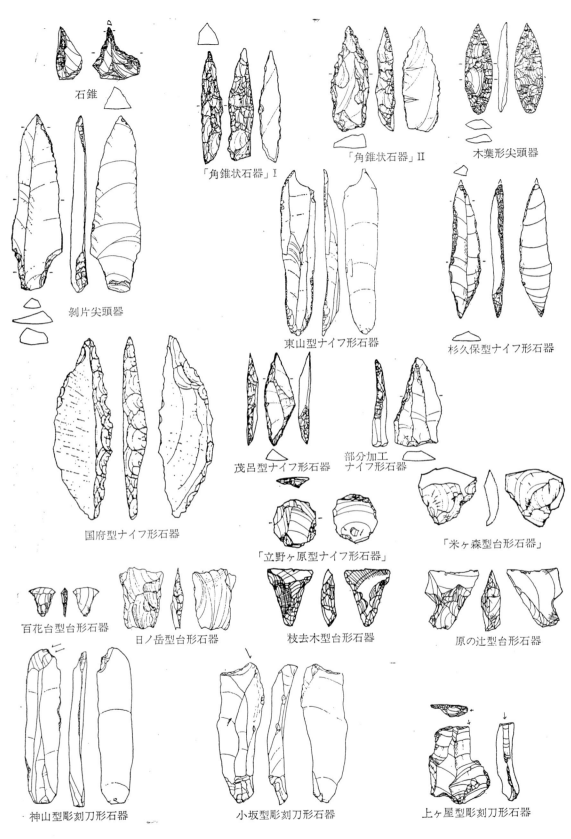

図 16 ナイフ形石器文化期の石器（約2分の1）

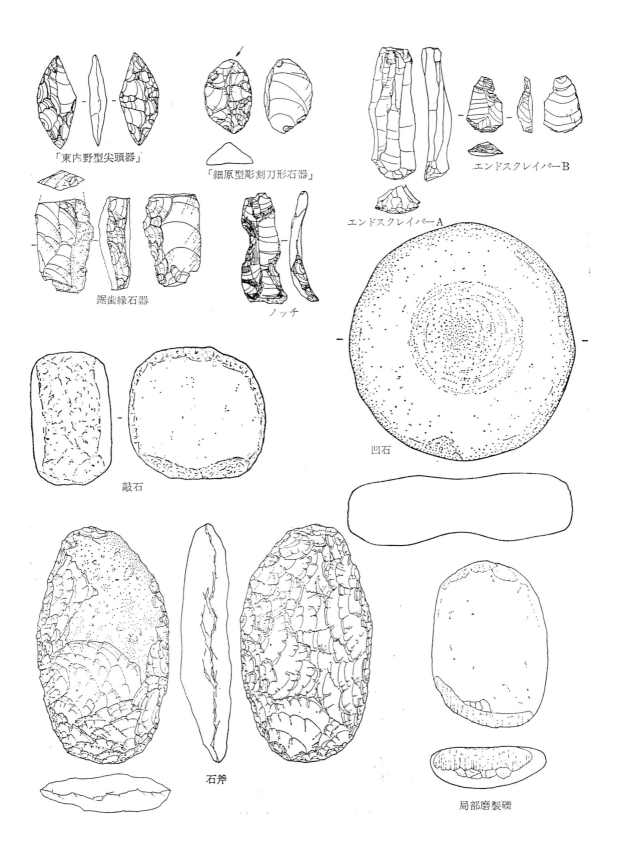

離のための打面調整のあり方によって特徴づけられる神山型・小坂型・上ケ屋型などの型式がある。神山型は，石刃の腹面末端部の片側に細かい剝離を数回加えたのち，そこを打面として背面側に腹面と45度ほどになる彫刻刀面を作り出している。小坂型は，石刃の一端に長軸と交差するように調整を加えて凹状部を作り，そこを打面としてその端に垂直方向の樋状剝離を加えている。上ケ屋型は，石刃の一側縁に細部調整を施し，そこから反対側縁の斜め下方に向けて樋状剝離し，その末端部には抉り入りの細部調整がある。

　典型的なものは，東北・北海道のナイフ形石器文化期の後期から細石刃文化期に顕著にみられる。神山型は杉久保型ナイフ形石器と，小坂型は東山型ナイフ形石器と共件することが多い。

　また前述のものとは形態・製作技術の異なるものがある。男女倉型彫刻器・男女倉型ナイフ[8]，あるいは大平山元技法による彫器，木苅型グレーバー状石器などと呼ばれるものである。それらは，木葉形尖頭器状の石器（ブランク）を作り，先端部から縁辺をそぐような樋状剝離を1条加えたものである。その結果，先端部片側縁には鋭い刃部ができる。さらに，先端およびこの剝離の末端部に二次調整を加え最終的に形態を整えることがある。なお刃部作出の剝離が先端方向からではなく本体に直角に加えられるものや，素材面を刃部として残した例などバラエティがある[9]。

　なお男女倉遺跡では，彫刻刀面と裏面のなす角度の違いで鋭いものをナイフ形石器，鈍いものを彫刻刀形石器に分類している。また大平山元遺跡では，樋状剝離によって生み出される「扇形削片」が目的物であったと考えている。しかし通常彫刻刀面は，さまざまな角度をもち，刃部再生も頻繁におこなわれるので，いずれも彫刻刀形石器の範疇に含められよう。ただし，腹面と鋭い角度をもつ彫刻刀面にはその縁に刃こぼれなどの使用痕があり，鈍い角度の場合は彫刻刀面の打面付近に使用痕がみられることが多い。機能的に前者はナイフで，後者は彫刻刀であった可能性が高い。

9.　その他の不定形な剝片石器

　バルブの発達しない平坦で奥まで入る幅の狭い剝離が縁辺に重なって連続するスクレイパーエッジ，鋸歯状の剝離，両極剝離，折断などの加工と素材，加工部位などの組合せによって各種のスクレイパー，ノッチ，鋸歯縁石器，楔形石器，折断

石器などが作られる[10]。これらは前時代から基本的に変化せずに，次の細石器文化期へうけつがれていく。エンドスクレイパーは，各時期の剝片の特徴と結びつき，約2万年を遡るころには，寸づまりな縦長剝片の末端にやや粗い加工を施したもの（B），当文化期の終末には石刃素材の典型的なもの（A）が多量に作り出された（図16）。

10.　局部磨製石斧・打製石斧

　背面に自然面を残す大型の横長剝片を多用し，ときには扁平礫を素材とする。そのほぼ全周に面的な二次加工を連続的に施し，半両面加工・両面加工に仕上げる。形は楕円形が多く，バチ形に近いものもある。

　刃部が研磨されているものを局部磨製石斧と呼ぶが，磨痕のみられるものも多い。中央で前後に折れ，刃縁に直交する線条痕がみられる例が多いので横斧である可能性が大きい。全国的に分布し，当文化期の初期に目立つが数は少ない。

11.　敲石・凹石と磨石・砥石

　用途に応じて石質・形が選ばれた河原石に，敲打痕・磨耗痕などの使用痕が残された石器[11]。敲石・凹石は打製石器の製作，顔料作り，堅果類や骨の打割に用いられ，磨石は植物・顔料の擦りつぶし，砥石は骨角器や磨製石器・石製品用に使われた可能性がある。しかし，縄文時代とは異なり，敲石以外はきわめて希れにしか発見されず，その敲石も少量であり主に石器製作用であろう。

註

1）　赤沢威・小田静夫・山中一郎『日本の旧石器』1980
2）　矢島國雄「尖頭器状の石器の性格」『論集日本原史』所収，1985
3）　清水宗昭「剝片尖頭器について」古代文化，25—11，1973
4）　安蒜政雄「石器の形態と機能」『日本考古学を学ぶ(2)』所収，1979
5）　麻柄一志「いわゆる立野ヶ原型ナイフ形石器の基礎的整理」旧石器考古学，33，1986
6）　大野憲治ほか『七曲台遺跡群発掘調査報告書』1985
7）　小田静夫「台形石器について」物質文化，18，1971
8）　森嶋稔『男女倉』1975
9）　戸田哲也ほか『千葉県印旛郡富里村東内野遺跡』1977
10）　東北歴史資料館・石器文化談話会編『馬場壇A遺跡I』1986
11）　黒坪一樹「日本先土器時代における敲石類の研究（上）・（下）」古代文化，35—12，36—3，1983，1984

書評

国分直一 著
海上の道
―倭と倭的世界の模索―

福武書店
A5判 358頁
2,900円

本書は国分直一博士がここ10数年来にわたって、シナ海諸地域をめぐる民族と先史文化について論及された26編の論攷と、新たに稿をおこされた7編の論文をとりまとめられたもので、次の5章より成り立っている。

第1章　海上の道
第2章　呪術・信仰・社会
第3章　黒潮の島々
第4章　海南紀行
第5章　遠い足音

言うまでもなく、日本列島はユーラシア大陸の東端を、あたかもそのフリルのように縁どり、東は大洋を控える地勢にあるため、エバー・ハルトがいみじくも指摘したように、"地の果て"であり、古来より幾多もの文物が列島に招来され、輻輳しあるいは重層して独特な文化を形成してきた。それら来歴の異なる文化相互のメカニズムを究明するためには、大陸と列島、もしくは列島を構成する島々の間を行きかう漁撈民の追求なしにはできないことは言をまたない。第1章と第3章はそうした海上活動に従事してきた無名の漁撈民たちの技術と文化を論述したものであり、1980年に上梓された『東シナ海の道』（法政大学出版局）の補編としての性格をも兼ねている。

第1章中の「古代東海の航海」は、シナ海周辺地域において文化移動を可能にした船とその技術、船にまつわる習俗などを掘り下げた雄篇で、『東シナ海の道』以降、懸案となっていて、著者が最も関心を寄せていた問題が、その該博な知識に裏づけされて見事に解明されている。

第2章の3篇の論文は、『日本民族文化の研究』（慶友社）以後、数多くの論攷の中で展開されてきた著者独自の手法で、メタフィジカルな世界にアプローチしたものである。金関恕教授も指摘されているように、呪術とか信仰とかいった分野に考古学者が接近するのは、最もむずかしいジャンルの一つであり"民族"および"民族の文化"に対する深い造詣があって初めてなしうるものである。「眼の呪力」にはとりわけそうした著者の独創的世界が遺憾なく発揮されており、眼を細めること、あるいは眼を閉じることでかえって、霊的世界との交信が可能になることが説かれている。これは決して多くの民族誌を読破することで得られるものではなく、数多くの自身によるフィールド・ワークによって裏うちされた鋭敏な洞察力が必要であることは言うまでもない。著者のフィールドでの観察眼の鋭さと確かさは、第4章の「海南紀行」の4篇の中にその片鱗を窺うことができよう。中国南部地域は日本の民族文化形成に深い繋りがあると想定されている所であり、そのことを常に心にとめながら、眼前に展開してゆく"民族"の諸現象が克明に綴られている。「バタン島探訪記」は熊本大学フィリピン調査隊のメンバーの一員として、バタン島の民族調査にあたられた折の"思い出の記"であるが、著者の調査に同道した私には及びもつかぬことであり、この報文を通してバタン島を改めて知るほどである。このことからしても感激をもって接し、生々と対象を叙述される著者の文章はもはや天性のものとしかいいようもないものに思われ、ここに著者独自の世界が展開してゆくその根源があるようにも考えられる。

国分直一博士は京都大学事件で揺れる頃学窓をあとにして、台湾に赴かれて教壇に立たれたが、この感受性豊かな時期に金関丈夫博士と遭遇し、その知己を得ることによって天賦の才が開花されたことは想像に難くない。第5章の「遠い足音」は金関博士を初めとして、国分博士の学問形成に多大な影響を与えた7人の故人との出会いが述べられ、それらの人人と接することで次第に新しい世界に踏み込んでゆく著者の姿が、平易な語り口で綴られている。第5章は国分博士の学者としての"原点"が展開されている世界であり、第5章から逆に本書を読むことで、著者の独自に展開されてゆく学問がよく理解できるのである。

このように本書に編まれた各論文は、"国分学"とでもいうべき独特な文化史の手引書とも解されるのである。こうした著者の学問は今日の日本の民族学や考古学あるいは先史学の世界においては、決して主流ではない。とりわけ"純粋考古学"を自称する若い研究者の間にはこれを忌避しようとする人も少なくない。しかし先史学研究が最も典型的に発達したと考えられるイギリスにおいては、その出発点から"民族"や"民族誌"とのかかわりあいで展開してきたのであり、今日においても深い潮流となっていることに気づく必要がある。その意味においても本書が広く読まれ、新しい、多様な観点からの研究の進展が望まれるのである。

（甲元真之）

書評

北陸古瓦研究会 編
北陸の古代寺院
―その源流と古瓦―

桂書房
A4判 440頁
13,000円

　北陸4県（福井・石川・富山・新潟）における古代寺院と古瓦に関する研究の現状を多角的に提示した『北陸の古代寺院』は，従来，とかく，不分明であった当該地域の古代仏教文化のあり方を考古学的方法によって明らかにした労作として注目される一書と言えるであろう。

　北陸の古代寺院跡については，わずかに国分寺跡を除いては二・三の調査成果が学界に提供されてきたに過ぎなかった。このような状況を打破すべく試みられた富山市考古資料館の「第3回古代日本海文化展―北陸の古代寺院とその源流を探る」（昭和58年11月）は画期的な企てであったが，その展観を契機として実施された"北陸の古代寺院とその源流を探る"研究会の開催は，以後における研究の出発点となった。この研究会は，北陸4県の研究者の参加をえて，稔りある成果が挙げられ，その討議内容の公刊が期待されるにいたったのである。そこで，関係者は，この討議の結果をさらに深めるとともに，新たなる視点を加味した総合的研究書として編成することを目途にすえて，第2回の研究会を昭和60年7月に開催したのである。それは，基調報告とシンポジウム「北陸の古代寺院とその源流を探る」を内容としたものであり，本書編集の出発点としての役割を果たしたものであった。

　このような経過をへて編集された本書は，「シンポジウム編」「資料編」「研究編」の3編より構成されている。

　シンポジウム編は，本書編成の核となったものであり，基調報告として上原真人氏の「官窯の条件―律令制下造瓦体制を検討するための作業仮説―」と，吉岡康暢氏の「北陸道の古代寺院」，そしてシンポジウムの記録「北陸の古代寺院とその源流を探る」よりなっている。上原氏は，多角的に「官窯」の把え方を展開され，「官窯」問題に対する一つの見解を示された。また，吉岡氏は，北陸における古代寺院のあり方を，時間的に3段階に区分し（第1段階・前半―飛鳥～白鳳前期，後半―白鳳後期，第2段階―奈良，第3段階―平安中期），それぞれの時代相を造瓦技術・瓦当紋様の系譜論などを例に引きながら問題を指摘した。この2つの基調報告をもとにシンポジウムが紙上に再現されている。そこにおいては，北陸4県それぞれの瓦の実態分析を基底にすえての論議が展開され，出土遺跡の性格，造瓦生産のあり方，文様瓦の系譜とその意味などについて論じられている。具体的な瓦資料の提示とそれの地域研究の現状を踏まえての発言はきわめて有用であり，古代における瓦の資料的価値を改めて認識することができるのであろう。とくに，北陸における瓦の編年問題についての論議は，古代瓦の歴史的評価を示すものとして注目されよう。

　資料編は，福井県（19遺跡―寺院跡10，窯跡6，その他3），石川県（34遺跡―寺院跡10，窯跡8，その他16），富山県（26遺跡―寺院跡5，窯跡4，その他17），新潟県（6遺跡―寺院跡3，窯跡2，その他1）における古瓦出土遺跡の分布，古瓦の編年とその基礎資料について大観したものである。

　この資料編によって北陸古瓦出土遺跡の状況が明らかにされたものとして高く評価されることは疑いない。従来，とかく不明瞭であった古代寺院跡の分布とその具体相が明らかにされたのである。

　さらに研究編には，以下のごとき論文が収められている。

　古岡英明氏「越中国分寺の造営とその時代背景」，木本秀樹氏「8・9世紀の神階奉授をめぐって―越中国在地勢力に関する問題提起―」，京田良志氏「渤海塼仏と陶製仏像押型」，三辻利一氏「北陸地方の古代瓦の胎土分析」（「考古学的に見た胎土の分析結果」―福井県・久保智康氏，石川県・木立雅朗氏，富山県・西井龍儀氏，「胎土分析結果表」―望月精司氏），西井龍儀氏「北陸の塔心礎―柱穴式を中心に―」，木立雅朗氏「造瓦組織の歴史的発展についての覚書」。

　それぞれ北陸に視点をおいた労作であり，今後の研究に資するところが大きく，資料編ともども北陸における研究の水準を示すものとして注目される。

　以上のごとき内容を有する本書は，ひとり北陸のみにとどまらず，わが国における古代の地域仏教文化の解明に一石を投じたものであり，北陸考古学の精華の一輪として考古学界をはじめ，仏教史そして古代地域史など関係の学界に対して大きく寄与することは疑いない。

　最後に19名に及ぶ参画者の発言をよく一書に整理され，刊行にこぎつけた編集担当の木立雅朗・西井龍儀・藤田富士夫の3氏の労に加えて，かかる大冊の学術的出版を果たされた桂書房（富山市北代）の意欲に敬意を表するにやぶさかではない。

（坂詰秀一）

書評

ヒラリー・スチュアート著
木村英明・木村アヤ子訳
海と川のインディアン

雄山閣
B5判 161頁
3,000円

本書は『Indian Fishing——Early Methods on the Northwest Coast』の翻訳である。評者もこの原書を手にしたとき，日本の考古学界ばかりでなく，日本の読書界にも広く紹介したいと考えた記憶があり，本書が木村夫妻によってここに翻訳されたことを大いに歓迎する一人である。

ところで本書は，アラスカ南東部からブリティシュ・コロンビアにかけての太平洋岸に住んでいる「北西海岸インディアン」とされる人々の漁撈活動に関する一般向けの民族誌である。彼らの分布圏から理解されるように，彼らはサケ・マス漁，あるいはオヒョウ漁にその生業の中心を置いていた。そして本書は，漁撈活動に関わる物質文化，その製作法・使用法ばかりでなく，魚類の利用・調理・保存法，さらには魚にまつわる神話・伝説・タブーなどまで記述されているのである。

具体的に説明するなら，序章としての「海に生きる人々」から始まり，第1章の「釣針，釣糸とおもり」のところでは「釣糸」，「おもり」，「蒸し曲げ釣針」，「サケ流し釣」，「北方オヒョウ用釣針」，「擬似餌」，「浮き」，「たたき棒」と言った小節に分けられて民族誌からの引用，さらには筆者の体験あるいは実験を織り込みながら生々と説明がなされていく。次章「マスと銛」以後，「網と網漁」，「魞とヤナ」，「魚の調理と保存」，「魂の王国」の章も同様である。

北西海岸インディアンに関する一般向け概説書は今日まで多数出版されているが，多くが彼らの芸術・工芸品を扱ったものであった点からして，本書はわれわれの渇をいやしてくれる文献といえよう。

ところで著者のスチュアート女史はそのプロフィルから知られるように，いわばアマチュアである。しかしながら本書を見ればわかるように，それは良い意味でのアマチュアリズムとされるものであり，かつての民族学（文化人類学）者が持ち，その後の研究者が失った精神が保持されていると言えよう。さらに本書の優れている点は，貴重な写真ばかりでなく，著者自身による多数の見事なスケッチである。そして本書が単なる好事家の作品でない点は，それら個々の資料について，その出典，所蔵機関，さらにはそれらが採集された北西海岸インディアンのなかにおけるサブ・グループの名前までが記載されている点であろう。本書の背後には，19世紀アメリカ民族学に花咲いた物質文化研究における記載の精神と，対象に対するきめ細かな愛情とでもいうものが看取されよう。

こうした本書の民族誌としての特色は，訳者も述べているように，日本の先史学研究者には参考となる点も多いであろう。山内清男博士が縄文文化を論じる際に，北西海岸インディアンを一つの参考とされたことは衆知の事実である。しかしながら一方，日本考古学を代表するような研究者の近年の論考中には，本書で扱っている北西海岸インディアンの社会について，その社会構成の複雑性についての驚きの発言すら残念ながら認められるのが現状である。今日では編年学派として一括されている山内清男，甲野勇，八幡一郎といった先生方が民族誌についての深い知識を持たれていたことは知られたところでもあろう。こうした点からも，筆者を含め日本の考古学研究者が，本書から多くを学ぶことができるように思われる。もちろん，本書を一覧するだけでも，そこから多くのアイディアをわれわれは持つことができよう。しかしながら，その際，民族誌の安易な利用を謹むこともまた肝に銘じなければならない。たとえば縄文時代以来日本列島において発見されている，いわゆる「挟入式銛頭」の使用法について，本書に図示されている北西海岸インディアンの銛頭をその参考にしようとしたこともあったのである。さらに訳者はその「あとがき」で，続縄文文化に見られる石製ナイフから北太平洋を挟んだ両岸の間での文化交流の可能性をも考えられようとされているが，それを説くためには多くの手続が必要であろうし，むしろ蛇足であろう。

訳文についてはその文体に気になる点もあるが，訳語についてとくに気付いた点を述べておくこととしよう。訳者は trap を魞（エリ）とし，weir をヤナとされている。weir をヤナとされることには問題はなかろうが，trap についてはその一部は筌（ウケ）とされた方が良かったであろう。

ともかくこうした内容の民族誌を容易に手にする機会の少ない日本の考古学研究者にとっては，本書は大きな意味を持つといえるし，一読あるいは一瞥することをお薦めしたい。それとともにわれわれには日本民俗学において集積されてきた物質文化研究を含む膨大な研究成果を積極的に吸収しようとする姿勢も望まれよう。

（山浦　清）

論文展望

選定委員（敬称略・五十音順略）　石野博信　岩崎卓也　坂詰秀一　永峯光一

宮崎　博

土地と縄文人

物質文化　47号
p. 1〜p. 18

　人類はその出現以来，様々な形態で生活領域を拡大してきた。そのような歴史過程の中で，新石器時代の到来とともに，人類は遊動生活から次第に定住化への道を歩み始めたといわれている。縄文時代はちょうどそうした時代であり，当時の集落と領域関係についての論文が数多く発表されてもきた。

　小論は縄文時代における具体的な領域範囲の追求を目的とした。そのために，まず詳細な遺跡分布調査が行なわれ，発掘調査が進行している多摩ニュータウン地域の内から，大栗川南岸域（約1,266ha）の縄文時代中期後半の遺跡群をとりあげ，大栗川に開口するとくに大きな支谷に沿って領域推定ラインを設定してみた。そして，小林達雄氏が提唱したセトルメント・パターン別に94箇所の遺跡をプロットしたところ，それぞれの推定領域内に1箇所の大規模集落があり，それに複数からなる小規模集落と住居跡などの施設が発見されない遺跡群の組み合わせが認められた。さらに限られた時期の遺跡群の構図も類似することや，大規模集落は前面に水系域を，背後に広い丘陵地を持ち合わせていることが判明した。

　そこで得られた平均推定領域面積約 220 ha が他地域にも適応できるか否かを，武蔵野台地を流れる野川流域の勝坂式期最終末の大規模集落を中心に探ってみた。はたして武蔵野・立川両段丘面上の大規模集落に伴う推定領域が無理なく整然と並ぶことから，この領域面積が妥当なものと推論した。

　一方，野川水系の遺跡群と神田川水系に属する井の頭池遺跡群から出土した，同系統の勝坂式土器の間にある小さな違いについて同じ土器様式を支えた集団内での，同一土器に対するイメージ，象徴表現の違いと把握した。両遺跡群は極めて至近距離に位置することから，赤澤威氏が生態学的見地から推定した半径 5〜10 km の領域面積は広すぎることを指摘した。

（宮崎　博）

小島敦子

初期農耕集落の立地条件とその背景

群馬県史研究　42号
p. 1〜p. 17

　農耕集落の出現と発展のプロセスの概要は，①遺跡の分布と②地形や水系などによって把握できる農耕適地との関連によって理解できる。しかし，地形や水系には人為的（歴史的）・自然的（地理的）要因での変化があり，現在の地形のみによって当時の農耕環境を語ることはできない。したがって古代以来の開発に伴って改変された地形や水系を復元することが必要になる。農耕社会が始まる以前の環境を復元したうえでなければ，そこに農耕集落が立地する背景を正しく理解することはむずかしい。本論は，このような作業を前提として，初期農耕集落の立地条件を分析したものである。

　筆者が分析対象とした群馬県の東部にある大間々扇状地域は，中・近世の開発により大河川灌漑が導入され，現在の水系は初期農耕集落当時のものとは大きく変わっている。遺跡分布調査から得られた遺跡の分布を解釈するには地形復元が不可欠であった。

　能登健氏は扇状地地域に特有の湧水池と周辺の遺跡分布のパターンを分類した（新田町誌）。この成果によると，縄文時代の遺跡は自然湧水の回りに分布し，人工の湧水周辺には分布しない。したがって，農耕集落成立以前の自然水系は，縄文時代の遺跡が谷頭や河川流域に分布することで復元することができるのである。この方法により本論では現在新田堀に接続している蛇川の自然河川としての旧流路や，現在流路がなくなっているかつての小河川を復元できた。このようにして復元された扇状地地域内の小河川と，分布調査から得られた遺跡の分布を重ねてみると，人為的な改変以前の自然小河川を用水として利用し，周辺の沖積地を農耕地として，初期農耕集落が成立していることがわかる。

　以上のような地形環境の遡行的分析をすることによって，農耕集落立地の背景にある生産域の選定・拡大という面からの農耕社会の発展について，正しい理解が可能になる。

（小島敦子）

門田誠一

東アジアにおける神籠石系山城の位置

古代学研究　112号
p. 19〜p. 32

　神籠石の性格と起源をめぐる論争は，明治以来，日本古代史・考古学における学史をかざる論争として著聞するところである。明治・大正期の霊域説・山城説の対立は，整美な列石の理解を中心としていた。昭和30年代のおつぼ山神籠石などの体系的調査の結果，列石上部の版築土塁の存在が判明しこの種の構築物が山城としての性格をもつことが明らかにされた。その後，神籠石が山城であることは定説的な位置を占め，明治期に

すでに認識されていた朝鮮半島の山城との頗似も，つとに言われてきたが，対照検討，比較研究のための具体的かつ体系的な朝鮮半島での考古学的資料は知られていなかった。そのような状況のなかで，近年水門の石組みの分析という新たな観点から，平安時代の霊域説が主張され，一方では石城山の土塁版築土中からの出土遺物による考古学資料に基づく年代観も提示され，研究に動きがみられていた。

本稿では版築土塁，土塁基底部の護石，護石前面（後面）の柱穴という，神籠石系山城と基本的に共通する要素をもつ最近の朝鮮半島西南部での山城の新資料，および神籠石系山城との韓国における対照研究を紹介した。そして，これらの新資料，関連する高句麗山城，神籠石系山城という三者の現段階での分布状況の分析により，白村江の戦いに代表される対唐戦争という国際的擾乱との関連から，7世紀後半という年代の想定をこころみた。

また，朝鮮半島における築城関係記事，中国での長城などの調査成果や文献上の築城，土塁の改修記事にも着目し，東アジアにおける神籠石系山城の特性を明らかにした。韓国における土城の調査で，彼我の山城の具体的な検討にさらなる段階をみたといえよう。

（門田誠一）

宇野隆夫

10・11世紀の土器・陶磁器

中近世土器の基礎研究　II

p. 1〜p. 7

まず最初に示したいことは，本稿が私一人の論文ではなく，日本中世土器研究会第四回研究集会に参加された多くの方々の発表をまとめさせていただいたものである点である。当該期の資料の増加は，他の時代と同様に著しいものがあり，個別あるいは地域的研究の進展を歴史像の形成に結びつけることが重要な時期となっている。本研究会はこのことを意識して研究集会を行なってきた。

ここで検討されたものは，土師器，黒色土器，瓦器，緑釉陶器，灰釉陶器，中国製陶磁器であり，漆器と鉄製鍋釜についても若干言及した。その個々の時期的・地域的変化や流通については，本書の各論考を参照いただくことにして，当期の食器を理解する上で重要と考えたことは以下の点である。

①食器の種類が著しく多様化し，総合的な分析の必要性が高まる。

②多様化したものには，土師器と黒色土器をはじめとする地域的製品と，各種施釉陶磁器のような広域流通品とがある。

③この二者は相互に密接な関係と，顕著な地域差をもちつつ変化した。

④その動向は中世的様相を形成する動きであるが，食膳具と貯蔵・調理具との間に若干の差異がある。食膳具は10世紀に大きく変化し，11世紀中頃には中世的なあり方に至った。貯蔵・調理具の変化の端緒も10世紀に存在するが，顕在化するのは12世紀中頃であり，確立するのは13世紀である。

⑤両者の間をとって12世紀中頃を古代的様相と中世的様相の境と考えたい。また古代をほぼ飛鳥・奈良・平安時代とするならば，9世紀を境として前・後の二期に大別できるであろう。

以上のうち⑤の評価は私見であり，研究会内でも異論の多いところである。その討論を積み重ねることが歴史学の一分野としての考古学の役割と考える。（宇野隆夫）

枡本哲

オホーツク文化のイヌの装飾肢骨について

考古学研究　33—2

p. 23〜p. 42

海獣狩猟を基本的生業とするオホーツク文化の構成要素を考えるうえで注目されるのは，礼文島香深井遺跡で検証された動物飼養の形跡とこれに関連するイヌの装飾上腕骨である。関連諸地域の飼養動物の肢骨装飾の事例を比較検討した結果，この文化の動物崇拝とその文化史的位置を次のように想定した。

南シベリアで牧畜が行なわれ始めた前2千年紀の青銅器時代に，有蹄類飼養獣の肢骨を線刻や刺突により装飾し，葬送の儀礼に際してこれを副葬する慣習があった。この慣習は鉄器時代以降，沿バイカル，後バイカル地方を経て東漸し，極東の後1千年紀の，ブタ飼養を伝統的生業のひとつとする，アムール川流域の靺鞨文化にも波及し，この文化のもう一方の飼養獣であるウマの指骨（趾骨）を飾った。葬送儀礼の面では続く女真文化にも受け継がれる。他方，靺鞨文化の影響下にあったオホーツク文化圏の一部にも浸透し，ここにおいてはイヌの装飾上腕骨を出現させた。けれどもこの伝統は単に儀礼的慣習として伝播したのではなく，生態的環境や動物相に従って飼養対象の獣類に違いはあれ，飼養の程度や規模に差はあれ，動物の飼養と不可分に結びついていた。とはいえ，この儀礼的伝統は靺鞨文化ではブタ崇拝，オホーツク文化ではクマ崇拝に知られるように，もともとその文化に支配的な動物崇拝観の下にあって，従属的位置を占めることとなった。前者にはブタ飼養とこれに結びつく定着栽培農耕，後者にはクマに象徴される狩猟という，共に伝統的な生業形態が深く根を下ろしていたからに他ならない。

イヌの肢骨装飾を文化的慣習の所産と捉えることによって，オホーツク文化の動物飼養をめぐる事情は以上のように理解される。言い換えれば，この文化の展開過程には靺鞨文化を介して受けた，アムール川流域以西からの牧畜文化の影響も，無視することはできないのである。　　（枡本哲）

文献解題

岡本桂典 編

◆**福島の研究 1―地質・考古篇―**
清文堂出版刊　1986年12月　A5判　428頁
福島県の歴史と地域性…小林清治
氷河時代の県土………鈴木敬治
福島県における旧石器時代石器群について……………藤原妃敏
東北地方の古式縄紋土器の編年―福島県内の資料を中心に―
　……………中村五郎
複式炉と敷石住居………鈴鹿良一
福島の縄文期製塩土器…玉川一郎
福島県の古墳と横穴―研究の現状と問題点…穴沢咊光・馬目順一
福島における埴輪生産の動向
　……………辻　秀人
福島県の祭祀遺跡………菅原文也
福島県における古代集落の変化
　……………木本元治
南奥の郡倉………鈴木　啓
奥州藤原氏河津賀志防塁―文治五年奥州合戦と二重堀
　……………日下部善己
福島県の製鉄遺跡………寺島文隆

◆**霊山根古屋遺跡の研究―福島県霊山町根古屋における再葬墓群―**
霊山根古屋遺跡調査団刊　1986年10月　A4判　405頁
　福島県の北東部、伊達郡霊山町を流れる石田川河岸段丘上南岸に位置する再葬墓を主体とする遺跡。検出された遺構は、再葬墓と認知できる墓坑25基・土坑墓2基・土坑4基、そして焼骨の人骨集中区である。墓坑に埋置された土器は124個体を数える。他に木葉文土器片・釣針・人骨を加工した装身具・石鏃などが検出されている。土器に納められた人骨は焼骨で、また土坑外からも多量の焼骨が認められており、再葬墓のあり方を考える上で貴重な資料といえる。

◆**梨木平遺跡―第1次～第4次発掘調査の総括―**　上河内村文化財調査報告書第6集　栃木県河内郡上河内村教育委員会刊　1986年9月　B5判　189頁
　栃木県の南東部、河内郡上河内村宮館山東裾部の台地上に立地する遺跡。昭和46年度から49年度の4次にわたり実施された調査の総括編である。縄文時代中期の住居跡1軒・炉跡3基・袋状土壙を主体とする土壙108基などである。総括編として第1～第4次の調査の概要、検出された土壙の考察「袋状土壙の役割」「群在性土壙の意義」「中期の土器」を載せる。

◆**埼玉県古式古墳調査報告書**　埼玉県民部県史編さん室刊　1986年3月　B5判　218頁
　『新編埼玉県史』通史編（原始・古代）の編さん事業の一環として埼玉古式古墳研究会により調査された7基の古式古墳の発掘調査報告。「埼玉における古式古墳研究の現状」、古墳各説は「児玉町鷺山古墳」「東松山市諏訪山29号墳」「桶川市熊野神社古墳」「川越市三変稲荷神社古墳」「児玉町金鑚神社古墳」「本庄市公卿古墳」、考察は「墳形と構造」「土器の検討」「埴輪について」「副葬品について」「埼玉における前期古墳の形成」よりなる。

◆**能峠遺跡群Ⅰ（南山編）**　奈良県史跡名勝天然記念物調査報告第48冊　奈良県立橿原考古学研究所刊　1986年3月　B5判　391頁
　奈良県の北西部、宇陀郡榛原町上井足に所在する遺跡群。独立丘陵上に営まれた縄文時代から江戸時代にかけての複合遺跡。検出遺構は弥生時代後期から古墳時代初頭の方形台状墓9基で供献品の推移が観察できる。古墳12基のうち後期古墳の横穴式石室1基に平安時代前・後期の再利用が認められる。平安時代の土坑墓60基、室町時代の土坑墓26基、江戸時代の土坑墓3基、火葬場などが検出されており、葬法を知る好資料である。

◆**宮前川遺跡―埋蔵文化財調査報告第18集―**　愛媛県埋蔵文化財調査センター刊　1986年3月　B5判　本文篇366頁　図版篇160頁
　愛媛県松山平野の北西部を流れる宮前川下流域に位置する宮前川別府遺跡と宮前川北斎院遺跡の報告。宮前川別府遺跡では、弥生時代前期末から中期中葉の土坑状遺構16基・溝状遺構1条・杭列1条、宮前川北斎院遺跡からは、弥生時代後期末から古墳時代前期初頭の土坑状遺構35基・溝条遺構2条・竪穴状遺構1基・住居跡9棟、近世の杭列が検出されている。宮前川別府遺跡からは、分銅型土製品・小型模造土器など、宮前川北斎院遺跡からは、絵画土器・直弧文をもつ土器・動物型土製品・山陰系の甑形土器など祭祀性の強い遺物が検出されている。瀬戸内海に面した交通の拠点としての性格をもつ遺跡と考えられる。

◆**下稗田遺跡―行橋市文化財調査報告書第17集―**　下稗田遺跡調査指導員会刊　1985年3月　A4判　804頁（第1・2冊）
　福岡県の東部、京都平野のほぼ中央部、下稗田丘陵に位置する遺跡群。弥生時代前～中期の住居跡166棟・貯蔵穴1852基・pit数百基・石棺墓2基・石蓋土壙墓22基・土壙墓145基・甕棺墓108基・祭祀遺構27基、弥生時代後期～古墳時代初頭の住居跡77棟・方形周溝墓1基・石棺墓7基・石蓋土壙墓2基・土壙墓1基・祭祀遺構1基、古墳時代後期の住居跡80棟・円墳1基・円形周溝墓8基・横穴墓3基・pitおよび溝、古代から近世にかけての墳墓9基などである。土器は6万点以上、石器2,400点以上、土製品300点など多量の遺物が検出されている。

◆**弘前大学考古学研究**　第3号　弘前大学考古学研究会　1986年10月　B5判　64頁
『ドルメン』編輯を手伝った頃の思い出―甲野勇・山内清男両氏のこと………川久保俤郎
考古学からみた「中掫浮石」の降

下年代…………………福田友之
切断蓋付土器考…………成田滋彦
十腰内第Ⅲ群・第Ⅳ群・第Ⅴ群土器の再検討…・岡田康博
南部町聖寿寺館・十和田湖町三日市館・横浜町牛ノ沢館跡等発見の陶磁資料…………福田友之
工藤清泰・木村浩一
◆研究紀要 3 群馬県埋蔵文化財調査事業団 1986年3月 B5判 71頁
埼玉古墳群の出現と毛野地域政権…………飯塚卓二
土器と石棺…………坂井 隆
群馬県における浮島式・興津式土器の研究（後）
…………谷藤保彦・関根慎二
掘立柱建物の重量に関する一試験…………石守 晃
農具等の名称に関して
…………川原嘉久治
◆唐澤考古 第6号 唐沢考古会 1986年4月 B5判 42頁
縄文中期・袋状土壙の一検討―高根沢町上の原遺跡検出例を中心として―…………海老原郁雄
田沼町川西遺跡出土の縄文・歴史時代の遺物について―山間部遺跡の一様相―…………上野川勝
栃木県出流原周辺出土の片刃石器について（試論）―"出流原タイプの片刃石器"認識のために―…………出居 博
先史土器文様の共同主観性に関する一理解…………矢島俊雄
「十王台式」から学んだこと
…………鈴木正博
◆埼玉県立博物館紀要 第12号 埼玉県立博物館 1986年3月 B5判 139頁
神川村前組羽根倉遺跡の研究…書上元博・柿沼幹夫・駒宮史朗 坂本和俊・関義則・利根川章彦
◆歴史人類 第14号 筑波大学歴史・人類学系 1986年3月 B5判 162頁
ハラフ土器をめぐる一考察
…………常木 晃
◆考古学雑誌 第72巻第2号 日本考古学会 1986年11月 B5判 128頁
縄文時代の親族組織と集団表象と

しての土器型式………谷口康浩
阿武隈川上流域の切石積横穴式石室………福島雅儀
滋賀県下における製鉄遺跡の諸問題………丸山竜平・濱 修 喜多貞裕
韓国南海岸地方における隆起文土器の研究………鄭 澄元 宮本一夫訳・後記
坪井遺跡出土の絵画土器について………斎藤明彦
◆物質文化 第47号 物質文化研究会 1986年12月 B5判 80頁
土地と縄文人………宮崎 博
擦文式土器の刻印について
………松下 亘
地下室考………小林 克
フローレス島・リオ族・リセ地域における伝統家屋の建築構造………杉島敬志
◆史観 第115冊 早稲田大学史学会 1986年9月 A5判 96頁
古代刀子の拵について…渡辺康弘
◆古代 第81号 早稲田大学考古学会 1986年6月 A5判 96頁
土器の機能（1）・諸機能の素描………松本 完
打製石斧の分析………川本素行
千葉県柏市戸張城山遺跡の特殊な壺………西川修一・石坂俊郎
新出の三輪山須恵器
………佐々木幹雄
古墳の設計尺数―特異形前方後円墳での検討―………稲田 晃
竜ヶ崎市南三島遺跡出土の土器
………柳澤清一
◆貿易陶磁研究 第6号 日本貿易陶磁研究会 1986年9月 B5判 117頁
紀年遺跡・遺構と輸入中国陶磁
………三上次男
九州の紀年銘資料共伴の出土陶磁器………森田 勉
平安京出土の中国陶磁―10～11世紀の白磁・青磁を中心として―
………百瀬正恒
関東地方出土の紀年銘共伴陶磁器………服部実喜
鎌倉市域における紀年銘資料に伴う陶磁器…・・………手塚直樹
杵掛城跡出土の「天文十七」年（1548）銘木簡と伴出遺物

………松原隆治
朝日西遺跡出土の「文禄二年」「慶長三，四年」紀年銘資料
………遠藤才文・小澤一弘
静岡県下における廃城年代と陶磁器の年代観………足立順司
京都・左京内膳町跡出土の「慶長九年」（1604）資料……伊野近富
「寛永21年」銘木札を伴う陶磁―富田川河床遺跡 '81 IP区 SB020―………村上 勇
堺環濠都市遺跡（SKT 14）出土の寛永3年～正保4年の陶磁器
………嶋谷和彦
陶磁器の年代推定………山崎一雄
澎湖群島出土の宋代泉州陶瓶について……陳 信雄・藤井和夫訳
フスタート遺跡出土の中国陶磁器―1985年―………佐々木達夫
広東および福建産の印判青花磁器
………何 翠媚ほか
◆信濃 第38巻第6号 信濃史学会 1986年6月 A5判 88頁
遺跡出土の文字資料にみる八～十世紀の表記文化の特色
………北島信一
◆信濃 第38巻第9号 1986年9月 A5判 79頁
古代信濃の畿内系軒瓦―国分寺造営期を中心として―・森 郁夫
土壙出土緑釉陶器の性格
………桐原 健
◆信濃 第38巻第10号 1986年10月 A5判 66頁
信濃国岩殿山・岩殿寺を中心とする修験道と別所開発…宮下健司
◆考古学の広場 第3号 考古学フォーラム 1986年9月 B5判 93頁
造墓への憧景―濃尾平野を中心とする前方後円墳の様相から―
………赤塚次郎
弥生社会の成立と解体の理解に向けて―1―伊勢湾沿岸における＜囲郭集落＞の出現と終末―
………石黒立人
名古屋市見晴台遺跡にみる馬蹄形遺構に関する覚え書…野澤則幸
愛知県守山の古墳再検討（1）
………七原恵史
◆朝倉氏遺跡資料館紀要 1985 福井県立朝倉氏遺跡資料館 1986

年3月　Ｂ５判　26頁
中世遺跡出土の下駄
鉛同位体比測定による火縄銃関係
　資料の原料産地推定
◆石川考古学研究会会誌　第29号
石川考古学研究会　1986年3月
Ｂ５判　156頁
私稿　石川県の考古学史（一）
　………………………橋本澄夫
手取川流域旧石器時代遺跡群の予
　備的調査
　………北陸旧石器文化研究会
台付装飾壺の系譜一北加賀の資料
　を中心とした基礎的考察一
　…………………………宮本哲郎
石川県鹿西町内における古墳群分
　布調査報告一西馬場古墳群・森
　の宮古墳群・鷹王山古墳群一
　…………………………唐川明史
能登半島の土器製塩一基礎研究(1)
　製塩土器出土地名表・関係文献
　一覧一……………………橋本澄夫
製塩遺跡の現状について一中島町
　瀬嵐コバパ遺跡の海岸線の平板
　測量調査から一……………善端　直
石川県における古代中世の網漁業
　の展開………………山本直人
末松廃寺出土瓦の産地
　…………三辻利一・木立雅朗
小松市・二ツ梨窯跡採集の須恵器
　について
　…………花塚信雄・木立雅朗
◆古代文化　第38巻第10号　古代
学協会　1986年10月　Ｂ５判　47
頁
石刃石器群における遺物集中地点
　の類型……………奥村吉信
奈良県御杖村泥土平遺跡出土の縄
　文時代遺物…………松田真一
◆関西大学考古学等資料室紀要
第3号　関西大学考古学等資料室
1986年3月　Ｂ５判　214頁
関西大学蔵銀象嵌把頭について一
　亀甲繋文の類例と考察
　…………………………網干善教
東京学士会院会員神田孝平
　…………………………角田芳昭
資料紹介「金石文拓本資料」
　…………………考古学等資料室
中国・長江流域の遺跡と博物館
　…………………………泉森　皎
馬野繁蔵氏寄贈瓜破遺跡採集資料

調査報告〔Ⅱ〕……考古学研究室
◆古代学研究　第111号　古代学
研究会　1986年8月　Ｂ５判　40
頁
日本における横穴式石室出現とそ
　の系譜一畿内型と九州型一
　…………………………森下浩行
紅簾石片岩が見られる竪穴式石室
　…………………………奥田　尚
寧波に現存する日本国大宰府博多
　津の華僑の石碑研究…顧　文璧
　　　　　　　林　士民（蘇　哲訳）
仁屁洞支石墓岩刻画……乾　淑子
双脚輪状文形埴輪片の表面採集
　…………………………大野嶺夫
日本延長3年道賢法師経筒
　………石　志廉・菅谷文則訳
入江内湖周辺遺跡出土木製品の概
　要…………………………中井　均
古代学を試掘する1……森　浩一
◆古代学研究　第112号　1986年
11月　Ｂ５判　44頁
オルドス式青銅器（关干鄂尔多斯
　式青銅器）烏　恩・玉城一枝訳
前方後円形墳丘の周溝掘削パター
　ンと区画性一前方後円形成立に
　関する覚え書き一……一瀬和夫
東アジアにおける神籠石系山城の
　位置……………………門田誠一
松山市平井町古市出土の石戈
　…………………………十亀幸雄
◆考古学研究　第33巻第1号　考
古学研究会　1986年6月　Ａ５判
146頁
後期弥生土器の小地域性
　…………………………松井　潔
ヒョウタンからコマ一ヒョウタン
　栽培植物説をめぐって
　…………………………松井　章
考古学研究会東京シンポジウムの
　記録
先土器時代から縄紋時代へ
　…………………………岡本東三
縄文時代から弥生時代へ
　…………………………石岡憲雄
弥生時代から古墳時代へ
　…………………………鈴木敏弘
高塚古墳の終末…………杉山晋作
◆芸備　第17集　芸備友の会
1986年12月　Ｂ５判　66頁
四隅突出型方形墓覚書（1）一備後
　北部を中心として……桑原隆博

江ノ川中・上流域における墓制か
　らみた弥生時代中・後期の社会
　一佐田谷1号墓の調査とその意
　義を中心として一……妹尾周三
芦品郡新市町大森遺跡の試掘調査
　…………………………小田原昭嗣
福山市駅家町大字下山守字七社出
　土の石庖丁…………板岡千代
福山市および深安郡神辺町出土石
　庖丁地名表…………板岡千代
◆愛媛考古学　第9号　愛媛考古
学協会　1986年10月　Ｂ５判　68頁
愛媛県東宇和郡城川町穴神洞出土
　の動物遺存体と貝加工品
　…………………………金子浩昌
山陰系「コシキ形土器」の垂下使
　用法………………………谷若倫郎
川上神社古墳発見の契機と遺物及
　び石室実測調査報告
　……………野口　晃・岡野　保
越智郡伯方島表採資料…正岡睦夫
周桑郡小松町南川発見の「盃状穴」
　石について……………鴨　重元
広見町所在の金剛界五仏種子板碑
　について…清家直英・十亀幸雄
周桑郡小松町遺跡分布図について
　…………………………玉置浅行
旧西法寺跡を尋ねて……薄墨賢衛
◆山岳修験　第2号　山岳修験学
会　1986年9月　Ｂ５判　146頁
佐賀県土器山の山頂遺跡
　…………………………大和久震平
◆瀬戸内海歴史民俗資料館紀要
第3号　瀬戸内海歴史民俗資料館
1986年3月　Ｂ５判　132頁
香川県埴輪出土遺跡調査報告Ⅰ
　（資料Ⅰ）…杉本敏三・岩橋　孝
　　　　　　　　　　斉藤賢一
付載　四国地方埴輪出土地名表
文献目録
◆福岡考古　第13号　福岡考古懇
話会　1986年5月　Ｂ５判　101頁
宗像の考古学…………原　俊一
邨岡良弼『日本地理志料』宗像郡
　の条　訳注…………佐々木猛
考古学調査による漢代の仏像
　…………………………長谷川道隆
桂川・天神山古墳とその背景
　…………………………宇野慎敏
夫余の疆域と王城………高橋学爾
廿木・朝倉地方における須恵器の
　生産と流通……………中村　勝

学界動向

「季刊 考古学」編集部編

————沖縄・九州地方

首里城正殿は５回の建て替え
２年にわたって沖縄県教育委員会が進めてきた首里城正殿跡の発掘調査が終了し、その結果14世紀から500年にわたって５回の建て替えが行なわれ、そのたびごとに西側に向けて拡張されていったことがわかった。第２次大戦で焼失した首里城を第５期とすると、４期の規模は５期とほぼ同じ。第１期は４・５期の正殿から10mほど奥にある石積基壇の下にその痕跡が見出される。遺構は不明だが、少なくとも瓦葺きの建物が存在したことは間違いない。第２期は１期の瓦を含む文化層を削ってその上部に構築された基壇で、正面化粧石が赤く焼けており、志魯・布里の戦（1453年）で焼けたのではないかと推測されている。３期は２期より約２m拡張されていた。

グスク末期の水田跡　沖縄本島北部の宜野座村の漢那福地川水田址遺跡で、宜野座村教育委員会による発掘調査が行なわれ、平安時代末期から室町時代に相当する沖縄編年のグスク時代（12〜15世紀）の水田跡が確認された。みつかった遺構は石を並べ、その隙間を赤土で固めて作った水路跡が幅90cm、長さ22mにわたって続き、その両側に四角形や長円形など不規則な形の水田跡（17〜45㎡）が５区画ある。幅70cm、長さ30mの畔道もみつかった。また発掘場所の土から多量のイネ科植物の花粉が検出されたことから、稲栽培の可能性は強いとみられている。沖縄県で水田跡が発見されたのは初めての例で注目される。

木の実を入れた編籠　熊本県宇土市岩古曽町の曾畑貝塚のすぐ近くの低湿地で、国道３号バイパス工事に伴う熊本県教育委員会の調査が行なわれ、カシ・ドングリなどの木の実を入れた木製の編籠が入った貯蔵穴がみつかった。貯蔵穴は直径約１m、深さ50〜100cmで、十数基分布し、その中から編籠が５点以上発見された。大きさは30cm角で、形はやや崩れているものの編み目ははっきりとわかる。時期は縄文時代前期で、穴に水を入れ、木の実を水に浸して渋抜きした可能性もあるが断定はできない。また磨石や石皿などの石器も出土している。

原八坊の中堂跡？　太宰府市教育委員会が発掘調査を進めている同市三条の原遺跡で、平安時代に四王寺山（410m）に建立されたと伝えられる山岳寺院・原山無量寺の中堂跡の一部とみられる石垣がみつかった。同寺には８つの坊があったことから原八坊とよばれ、本堂や五重塔をはじめとする伽藍の様子を描いた絵図が遺っているものの遺構はみつかっていなかった。石垣は上下２層に重なって発見され、上層の石垣は東西５m、南北６mのL字型で基底部のみをとどめていた。下層の石垣は南北７m以上、高さ約１m、２〜３段分を遺していた。石垣の前面は緩やかな坂道で、門跡とみられる遺構もみつかっている。石垣の上は削られて遺っていないが、他の部分に比べ遺構が少なく、南北15m、東西11mの範囲で空間地を推定でき、大きな建物の存在していたことが予想される。現存する絵図と地形、今回発見された遺構とを検討すると、この石垣は中堂跡に伴うものである可能性が高いと思われる。石垣築造の時期は下層が13世紀代、上層が14世紀代とみられる。

————中国地方

室町期の墓と住居跡　山口県埋蔵文化財センターが発掘調査を行なった宇部市厚東区末信で、室町時代と推定される人骨の残る墓や住居跡が発見された。現場は厚東氏の霜降城跡の近くで室町時代後期と推定される掘立柱建物４棟ほか柱穴多数、土壙３基、溝３条、同末期の土壙墓９基、人骨６体など。墓壙は長さ１m、深さ40cmほどで、長軸方向を東西にとるものと南北にとるものとがある。屈葬の遺体とともに土師器の皿や輸入銭が埋められていた。大内氏によって霜降城が陥落したのは1358年であることから、この遺跡と厚東氏の直接のつながりはないが、中世の生活と墓制を知る上で貴重な資料となった。

漢字を刻む須恵器　鳥取市生山の生山（しょうざん）古墳群で鳥取市教育委員会による発掘調査が行なわれ、前期から終末期に及ぶ古墳約100基が確認されたが、このうちの生山47号墳の羨道入口付近から子持壺、長頸壺とともに、口径14.2cmの横瓶（７世紀前半）が出土し、胴部に「万徳」とヘラ書きされているのがわかった。同墳は墳丘の大半が崩壊しているが直径12mの円墳と推定され、東を向いた全長６mの横穴式石室を伴っていたと考えられている。ヘラ書きされた文字は篆書体風でやや横長。文字の意味は不明だが、幸を祈る吉祥句ではないかとみられている。

美作国府跡の第１次調査　津山市教育委員会が進めている津山市総社の美作国府跡の第１次発掘調査が終了した。その結果、奈良時代から平安時代へかけての土器片や瓦が多数出土したほか、政庁を構成するとみられる掘立柱建物跡がみつかった。保存状態が良好なだけに今後の調査に期待が集まっている。現場は幸畑（こうばたけ）と呼ばれている所で、これまでに奈良三彩や円面硯などが採集されていたが、一帯の宅地化が進んで

学界動向

きたため，本格的な調査が待たれていた。調査の結果，東西に延びる溝とそれに沿った塀跡，さらに塀から南へ13m余のところから一辺1m余りの方形堀形をもつ建物跡がみつかった。この建物は南北2間，東西7間の規模をもつ東西棟で，南側には廂風の施設も確認された。建物は2回の建て替えが行なわれており，掘立柱建物から礎石建物へとかわっている。東西棟は政庁の施設を構成する正殿か後殿とする見方が有力になっている。

――――――――近畿地方

弥生中期の管玉工房跡　大阪府教育委員会が発掘調査を行なっていた守口市八雲北町2の八雲遺跡で，弥生時代中期初頭の管玉工房跡が発見された。同遺跡からは竪穴住居跡2軒が発見され，うち直径6.5mの1軒から管玉の未成品2点，石ノミ約1,200点，小型石錐約40点などが出土した。石ノミは鉄石英やメノウ製で，最大のもので長さ11mm，幅2mm，厚さ2mm，最小のものは長さ6mm，幅1mm，厚さ1mm。石錐は最大のもので長さ14mm，幅8mm，厚さ5mm，最小は長さ4mm，幅2mm，厚さ2mmときわめて小さなもの。そのほか，碧玉製原石，サヌカイト製の敲石，台石各1点と凝灰岩製の砥石1点なども出土しており，管玉作りに使われたとみられる。

弥生中期の武器工房跡　羽曳野市教育委員会が発掘調査を行なっていた市内古市6丁目の城山遺跡で，近畿一円に石製武器を供給していたとみられる武器工房跡が発見された。遺跡西端の20m四方の狭い区域からサヌカイトの原石，原石を板状に割ったもの，加工中の半製品，完形品，原石を割る工具の敲石など計2,000点が出土し

たもので，完形品は石戈，石剣，石槍，石鏃の4種類計100点。とくに石戈は長さ26.8cm，幅6cm，厚さ1.8cmもある大きなもの。いずれも遺跡の南東5kmにある二上山で産出するサヌカイト製で，ここで製造された武器が一旦国府や船橋などの中心集落に集められ，畿内各地に交易品として流通したと考えられる。

突出のある方形周溝墓　大阪市教育委員会・大阪市文化財協会が発掘を進めている大阪市平野区喜連東の喜連東遺跡で，弥生時代後期前半の2つの突出部をもつ方形周溝墓が発見された。一辺約10mの墳丘の南北辺各中央に幅，長さとも約2mの突出部がついたもので，周溝は幅1.5～3.0m，深さ25cmだが，突出部の溝幅は30cm，深さも5cmと極端に狭くなっている。

さらにここから300mほど離れた所から平安時代後期から室町時代後期にかけての地方豪族の廟堂の遺構が発見された。遺構は一辺約6mの正方形の土壇と，その周囲にめぐらされた溝（幅2.7～6.0m）からなっており，溝内には6基の土壙があり，鬼瓦片7点を含む1,000点余りの瓦，十数点の五輪塔の破片，香炉，灯明台の台座などがみつかったことから，土壇の上に墓をおおう瓦葺きの建物があったと推定されている。

7世紀の建物群　大阪市教育委員会と大阪市文化財協会が，府営住宅建設に伴って発掘調査を進めている市内平野区瓜破東8丁目の瓜破遺跡で，7世紀初めから中ばすぎの頃の掘立柱建物21棟が発見された。19棟が集中する南部分は溝と塀で囲まれ，方形と推測される南北60m以上，東西40m以上に及ぶ敷地の北西隅に当たると考えられる。これらの建物の配置からは企画性が窺われ，また8棟の

高床倉庫が含まれている。以上のことから，有力貴族の屋敷の一部などの可能性が考えられている。

奈良・頭塔を調査　奈良市高畑町の国史跡・頭塔の整備に伴う事前調査が史跡頭塔環境整備委員会（座長・土井実奈良文化女子短大名誉教授）の依頼により，奈良国立文化財研究所平城宮跡発掘調査部によって行なわれた。今回の調査で北東部の1/4を発掘した結果，新たに5基の石仏を発見，これまでの石仏群14基（うち重要文化財13基）と合わせて19基になった。また当初4段とされていた構造も各段間に1段ずつ石段が組まれ，基壇をもった7段の土塔であることがわかった。さらに遺物としては奈良時代の軒瓦115点と，12世紀～13世紀前半の灯明皿が発見された。瓦は2点を除きすべてが東大寺式で，東大寺僧の実忠が神護景雲元年に造立した土塔がこの頭塔であるという記録を裏づける。

遺体を焼いた後期の横穴式石室　奈良県立橿原考古学研究所が進めていた奈良県高市郡高取町北部の与楽古墳群ナシタニ支群2号墳で，遺体を焼いたとみられる横穴式石室が発見された。古墳は直径17mの円墳で，奥行3.5m，幅2.4mの玄室を掘り下げたところ，大量の炭化した木片が混じった約20cmの焼土層が発見された。多量の人骨が含まれていたことから，6世紀後半に石室内で遺体を焼いて葬ったことが明らかとなった。東壁に沿って深さ30cm，延長2mの通気溝が掘ってあり，この壁が最も焼けていた。火葬者のものとみられる金・銀製の指輪，かんざし，ガラス玉や土師器，須恵器，ミニチュアの炊飯具などども東壁付近から出土した。骨が拾われた形跡はなく，本例は僧道昭の火葬を約1世紀さかのぼることとなる。

大谷古墳から女性人骨　京都府

中郡大宮町谷内の大谷古墳で昨年6月に発見された人骨は池田次郎岡山理科大学教授の鑑定で40歳代の女性であることがわかった。同古墳は竹野川東側の丘陵地先端部に位置する5世紀前半の帆立貝式古墳で、全長32m、後円部径26m、前方部幅19m。大宮町教育委員会の調査によって組合せ式石棺（内法の長さ1.58m、幅30cm）がみつかった。人骨は板石や粘土で厳重に密封されたこの石棺内に納められており、膝から下を除くと、埋葬されたままの状態で、関節や指のほか、歯も虫歯がなく全部そろっていた。石棺に入っていた副葬品は仿製の捩文鏡、鉄剣、勾玉、鉄斧各1点のほか、ガラス小玉33点があった。同古墳は竹野川上流一帯の初代首長（女王）の墓と推定されている。

長岡京から斎串10点　向日市教育委員会が発掘調査を行なっている同市鶏冠井町十相の長岡京跡で地鎮や各種の祭祀に使われた斎串が10点と土器2点がまとまって出土した。現場は左京南一条二坊十四町（東部）に当たる所で、2間×3間の雑舎とみられる掘立柱建物跡のすぐ北側の小土壙からみつかった。この小土壙は掘立柱建物の北側柱列の西より1間目の柱穴の真北0.8mの位置で発見されたことから、掘立柱建物と何らかの関連をもった祭祀遺構と考えられる。小土壙からは両側に連続して刻みを施す斎串5点、削り掛け5点、須恵器坏、甕、種子が出土した。

さらに向日市鶏冠井町西金村で行なわれている長岡京跡の発掘調査で、墨書のある須恵器から「□尓伎（波）□」と万葉仮名2文字が確認された。これは『古今和歌集』の序にある「難波津にさくやこの花ふゆごもり　今は春べとさくやこの花」の冒頭「なにはづ」

の部分である可能性が強い。

「万病膏」墨書の土器　紫香楽宮跡の可能性がある滋賀県甲賀郡信楽町宮町の宮町遺跡で、滋賀県教育委員会と信楽町教育委員会による発掘調査が行なわれ、「万病膏」と墨書された8世紀中ごろの須恵器坏が発見された。坏は高台付のもので口径12.1cm、高さ4.1cmで、口の部分がわずかに欠けているだけのほぼ完形である。万病膏は『延喜式』にも記載されている高貴薬だが、実際にその名を記した容器が出土したのは初めて。さらに坏蓋を転用した硯片12点や「美」と墨書された土器片2点などを含む須恵器や土師器、木製品などが約1,000点にのぼり、蔵跡とみられる約6m四方の建物跡や長さ10.3mの塀跡なども発見された。宮町遺跡では昭和49年ごろにヒノキ材の宮殿クラスの建物に用いられた柱根3本や昭和59年度の調査でも2本の柱根が発見されている。本年秋には第5次の試掘調査が行なわれる予定。

―――――――中部地方

東海最大の前方後方墳　岐阜県大垣市教育委員会が発掘調査を続けていた粉糠山（こぬかやま）古墳（大垣市青墓町1丁目）は、全国でも有数の前方後方墳であることがわかった。規模は全長100m、後方部一辺長さ50m、高さ5.5〜6.0m（推定）、前方部幅45m、高さ4m、出土した埴輪から築造年代は4世紀後半〜5世紀初頭とみられている。墳丘部は現在共同墓地となっているため、裾部を中心とした範囲確認を行なったところ前方後方墳と確認できたもの。なお、同古墳の400m東には岐阜県下最大の前方後円墳・昼飯（ひるい）大塚古墳（全長約140m）があり、同地域は古東山道の東国への入口として重要な地であった

とみられる。

13世紀の祭事場跡？　春日井市教育委員会が同市下市場町で発掘調査を進めていた下市場遺跡で、鎌倉時代の石敷き遺構などを伴った祭事場と推定される遺構が発見された。この遺構は直径4〜5mのほぼ円形で、直径20cm前後の石がびっしり敷き詰められ、まわりに8〜9本の柱穴がほぼ等間隔でみつかった。こうした石敷遺構は他に2ヵ所で確認されている。また円形石敷遺構の北東に隣接して建物跡の柱穴が規則的に並んでいた。建物は6.6×4.2mの大きさで、建物内から、山茶碗や多くの完形品を含む山皿100点以上が出土した。さらに付近から滑石製石鍋の一部や中国陶磁器、知多半島製の壺や甕がみつかったが、地元に最も近い瀬戸の陶磁器はほとんど発見されなかった。遺構が特殊であることから集落跡とは考えられず、祭祀的な行事に使用された場所ではないかとみられている。

横地氏の館跡？　静岡県小笠郡菊川町東横地の県指定史跡・横地城跡の一角で、菊川町教育委員会による発掘調査が行なわれ、横地氏の館跡とみられる遺構と排水溝の跡が発見された。遺構は4.0×6.0mほどの区画に、直径30cmくらいの河原石が3列に並んでいる。またこの中央には排水路とみられる石の列もあった。また東側には2.1m間隔に礎石がみつかっており、2間×1間ほどである。現場からは北宋銭である「聖宋元宝」や青磁の鎬蓮弁文や画花文碗、白磁、瀬戸・常滑焼の陶器など鎌倉時代では上層階級の遺物が出土、居館跡とみて間違いないと考えられる。さらに漆塗りの横櫛や松食い鶴が描かれた碗などの木製品や建築材なども多く出土している。横地城は11世紀前半から15世紀半ばまで、小笠郡下などに勢力

学界動向

をはった有力地方武士・横地氏の居城で，土塁，堀，二の丸，隠し井戸などが残っており，鎌倉時代の典型的な山城。

竪穴住居？とシカを描く土器 金沢市西念町と南新保町にまたがる西念・南新保遺跡から出土した弥生土器に絵画土器2点が含まれていることが金沢市教育委員会の調査でわかった。中期の壺形土器の口縁部破片には竪穴住居ともみられる絵が書かれている。これはこれまで弥生土器の家屋の表現は高床式が多かったのに対し，同例は支柱がなく屋根のみであることから竪穴住居か平地住居を表わしているのではないかと推定されたもの。またシカが描かれた土器片はやはり中期の壺形土器の口縁部とみられ，全体が判別できる1頭と尾や後足のみが判別できるものの2頭が，細い線で刻まれており，成獣と幼獣あるいは親子のシカを描いたとも考えられる。

「金光明経」を記す礫石 加賀市三木町の三木だいもん遺跡から13世紀とみられる仏教経典が書かれた墨書礫が発見され，「金光明経」を記したものであることがわかった。礫は8.2cm×6.1cm，厚さ1.1cmの自然石で，遺跡中央から検出された大規模な主家跡の柱穴から発見された。「如是無量百千衆生受 諸苦悩授父長 者雖善医 方能救」「諸苦方 便巧知四大僧 損年已衰 邁老耄枯 悴皮緩面皺」の5行22文字が表裏に各々墨書されており，「金光明経」の巻3除病品第15の一節であることがわかった。文字は左書きされており，国語史研究上からも貴重な資料となった。なお三木だいもん遺跡は承久の乱（1221年）の中心人物の一人であった藤原宗行の荘園「右庄」にあたることがわかっている。

――――――関東地方

葬送の埴輪群 川越市遺跡調査会は川越市豊田本の南大塚古墳群に含まれる古墳3基と中世の墳墓を発掘していたが，このうち同古墳群中最大級の帆立貝式古墳（全長36m，高さ1.5m）から葬列を模した埴輪列が発見された。古墳の周溝から出土した埴輪は剣を持つ武人2体，首飾りをつけた人物2体，女性3体，馬2頭分で，前方部正面からみて左側に直列していたのであろう。ほかに鎧の一部と思われる金箔付鉄製金具や水晶玉などのほか，横穴式石室北側の墳丘上から円筒埴輪棺も出土した。6世紀末ごろの築造とみられている。さらに円墳2基は6世紀末から7世紀初頭にかけてのもので，主体部は礫床粘土槨だった。

平安期の鍛冶工房跡 新4号国道の改修工事に伴って栃木県文化振興事業団によって小山市東野田の東野田遺跡で行なわれていた発掘調査で，9世紀とみられる鍛冶工房跡2軒が発見された。同遺跡は標高25mほどの南北に長い台地上にあり，奈良・平安時代の竪穴住居跡107軒を中心に，縄文・弥生時代の住居跡も発見された。工房跡は4.0×3.5mの竪穴式で，内部から鍛冶炉の一部や木炭置き場，多数の羽口，鍛造剝片などがみつかった。カマドも付設されていたため，この遺構は一般集落の中にとり込まれた村の鍛冶屋的な性格のものであることがわかった。

「馬」の銘入り紡錘車 関越道上越線の建設に伴い，群馬県埋蔵文化財調査事業団が調査を続けている多野郡吉井町の矢田遺跡で，古墳時代から平安時代に至る約180軒の竪穴住居跡が発見され，そのうち9世紀の住居跡から「牝馬 馬手 為島名」と刻まれた紡錘車が発見された。この紡錘車は滑石製で，厚さ約1cm，底部直径7cm，上部直径5cm。隣接する甘楽町には，勅旨牧の「新屋牧」があったとされ，群馬郡には「島名郷」の存在が知られている。同遺跡では先ごろ，多胡郡とのかかわりを示す「八田郷」の文字が刻まれた紡錘車が発見されており，多胡郡（711年，六郷で構成）中の矢田郷に推定される地域とみられている。

――――――東北地方

4世紀後半の古墳 福島県相馬郡鹿島町の柚原（ゆはら）古墳群で，水田の整備事業に伴い鹿島町教育委員会による発掘調査が行なわれ，東北では数少ない4世紀後半の古墳が含まれていることがわかった。同古墳群では直径約10mから15mの円墳跡6基が発見されており，群馬県二ツ岳が5世紀後半に噴火したときに飛んだと思われる火山灰も確認された。ほぼ完形の塩釜式土器10点を含む約300点の土器片が出土しており，4世紀後半から6世紀に至っている。器台や台付甕型土器も含まれており，これら塩釜式の土器のほとんどは火山灰の30cm以下から出土した。

5世紀の木棺直葬墓 郡山市安積町成田の東丸山遺跡で郡山市埋蔵文化財発掘調査事業団による第4次発掘調査が行なわれ，4世紀後半～5世紀初めの方形周溝墓6基，5世紀中ごろの土壙墓4基，5世紀後半～6世紀の円形周溝墓6基と，縄文時代前期から平安時代初めに至る竪穴住居跡21軒が発見された。このうち土壙墓の1基は底部に木炭を敷き詰めた木棺直葬墓で，盛り土もなく，副葬品も長さ16cmの鉄鏃と長さ約10cmの刀子という貧弱なものだった。また住居跡のうち4軒は4世紀後

半の塩釜式期のもので，炉を設けていた。

魚を描く縄文土器　釜石市唐丹町大石の館(やかた)遺跡から出土した縄文時代中期の土器片に魚が描かれているのが岩手県立博物館の調査で明らかにされた。土器片は直径約 9cm の深鉢の底部。絵はモリのようなものが突き刺った魚が細い線で描かれており，魚の大きさに体長約 4cm，幅約 1cm。

──────学会・研究会ほか

日本考古学協会第53回総会　5月3日，4日の両日，千葉大学を会場に開催された。研究発表は以下の通りである。

新潟県関川村荒川台遺跡の調査
　……………………阿部朝衛
東京都小金井市野川中洲北遺跡の調査……………伊藤富治夫
　　　　　野川中洲北遺跡調査団
放射状に配列された縄文前期の大型住居群…………大野憲司
縄文時代のイルカ捕獲方法について…………………平口哲夫
千葉県千葉市有吉北貝塚の調査
　……………上守秀明・小宮　孟
縄文時代中期集落遺跡の石器組成………伊藤秋男・熊崎　保
泉福寺洞穴出土隆起線紋土器群理解の視座…………大塚達朗
寒川Ⅱ遺跡の続縄文文化土壙墓について……児玉　準・小林　克
　　　　利部　修・三嶋隆儀
愛知県朝日遺跡の変遷と画期
　……………………石黒立人
富の原遺跡と西北九州の弥生文化………………………稲富裕和
弥生セトルメントシステムズ─モデル構成のための基礎作業
　……………………酒井龍一
前橋市小稲荷遺跡3号墳出土の湾曲直刀について……大和久震平
　　平田貴正・新井順二
千葉県成東町駄ノ塚古墳の調査
　……白石太一郎・杉山晋作

愛知県師勝町能田旭古墳にみる埴輪祭祀と蓋形埴輪の製作技法について………伊藤秋男・市橋芳則
大阪府下千里丘陵における初期須恵器窯跡の調査………藤原　学
奈良県新庄町寺口忍海古墳群の諸問題………千賀　久・吉村幾温
上総国分寺跡の調査
　………須田　勉・宮本敬一
下総国分尼寺跡の調査
　………堀越正行・山路直充
三重県朝日町縄生廃寺の調査
　………小玉道明・早川裕己
頭塔の調査
　………花谷　浩・田辺征夫
胎土分析による須恵器の産地推定…………………三辻利一
難波宮跡朝堂院の調査
　………中尾芳治・植木　久
藤原京の調査…………土肥　孝
奈良県飛鳥石神遺跡(第6次)の調査……………黒崎　直
鋳帯の復原的研究……松村恵司
豊臣時代魚市場跡の調査
　……………………森　毅
墓所にみる忍性の思想的背景
　……前園実知雄・佐々木好直
大峯山寺本堂の発掘調査と大峯山信仰の発展………菅谷文則
出土六道銭の組み合わせからみた近世前期の銅銭流通…鈴木公雄
Report of the Excavation by the Heian Museum in 1986
　………角田文衞・川西宏幸

国史跡に新しく6件指定　文化財保護審議会(斎藤正会長)は3月12日，新たに国の史跡に6件を指定するよう塩川文部大臣に答申した。今回の指定が決定すると国の史跡は1,253件となる。
○荘内藩ハママシケ陣屋跡(北海道浜益郡浜益村)　安政6年に江戸幕府から蝦夷地警備を命ぜられた荘内藩の陣屋跡。
○箕輪城跡(群馬県群馬郡箕郷町)長野氏が築いた戦国時代の城跡。武田，上杉，後北条などの戦国大

名が向かい合った要衝の城。
○下布田遺跡(東京都調布市布田)多摩川中流域の武蔵野台地上の縄文晩期の集落跡。重要文化財の土製耳飾が出土している。
○中山道(長野県小県郡和田村，木曾郡南木曾町)
○断夫山古墳(名古屋市熱田区)中期末〜後期初頭の東海地方最大の前方後円墳で，全長151m。円筒埴輪が出土しており，保存状態は良好。
○西周旧居(島根県鹿足郡津和野町)

伊東信雄氏(東北大学名誉教授)
　4月10日，急性肺炎のため仙台市の自宅で死去された。79歳。氏は明治41年宮城県生まれ。東北大学文学部を卒業後，東北大学教養部，文学部の教授となり，昭和46年退官。昭和33年に青森県の垂柳遺跡で200粒以上の炭化米を発見，津軽地方でも弥生時代には稲作が行なわれていたことを実証した。同36年には多賀城跡発掘調査団長として多賀城を発掘，また仙台藩伊達家の墓の調査を行なったことも特筆される。主な著書には『会津大塚山古墳』(共著)『陸奥国分寺遺跡』(共著)『瑞鳳殿伊達政宗の墓とその遺品』『挂甲の系譜』(共著)『古代東北発掘』などがある。

三上次男氏(東京大学名誉教授)
　6月6日，肺炎のため東京・虎の門病院で死去された。80歳。氏は明治40年京都府生まれ。東大卒業後，東大教授，青山学院大学教授を歴任，日本学士院会員，中近東文化センター理事長，出光美術館理事でもあった。東北アジアの古代・中世史，東西交渉史を研究し，陶磁学にも詳しく陶磁貿易史という研究分野を確立した。主な著書に『日本の考古学』(編著)『金史研究』『陶器講座』(共著)『陶磁の道』などがある。

■第21号予告■

特集　縄文文化の地域性

1987 年 10 月 25 日発売
総 108 頁　　1,500 円

座談会・縄文文化の地域性
　　　　─世界・アジア・日本─
　　………加藤晋平・佐原　眞・林　謙作
土器型式─地域性の指標
　　巨視的にみた土器型式の地域性
　　　貝殻沈線文土器………………高橋　誠
　　　押型文土器…………………岡本東三
　　微視的にみた土器型式の地域性
　　　諸磯 b 式の地域性……………羽生淳子
　　地域性をめぐる解釈
　　　異系統の土器・他地域の土器…林　謙作
地域性の具体像
　　ヒトの形質………………………小泉清隆
　　資源利用・生業

動物性食料……………………松井　章
植物性食料……………………泉　拓良
骨角製漁具……………………西本豊弘
イデオロギー
　呪　物……………………………稲野裕介
複合した地域性
　集　落……………………………丹羽佑一

─────────────────
＜連載講座＞　日本旧石器時代史　6
　　　　　　　　　　　　　　岡村道雄
＜調査報告＞
＜書　評＞　　　＜論文展望＞
＜文献解題＞　　＜学界動向＞

編集室より

◆これまで埴輪のもつ具象性は，多くの人々に古代のロマンを与えてきました。人物とか家とか服装とか，とかく考古学上の諸問題よりも，生活実態の復原にかかわる隣接諸学問に多くの利益をもたらしていたことは歪めません。本号はそのようなものでなく，埴輪それ自体の意義や機能を探ったものとして大いに注目されるでしょう。

　さて末尾となってしまいましたが，本誌第19号の表紙を飾った伊東信雄先生のご逝去に驚かされました。心よりご冥福をお祈り申し上げます。　　　　（芳賀）

◆埴輪は古墳時代の服飾・風俗を表わすものとして古くから注目されてきたが，最近は埴輪の配置や流通の問題，あるいは中・小規模の古墳にも大古墳と同様，立派な埴輪がたてられるということの意味についてなど，多方面からの研究が進んできている。今回の特集ではこれらの新しい研究の成果を提示するとともに，各地域における特色を描き出すことに力を注いだ。さらに新しい発見についても紹介している。埴輪の総合的な観察を通して，古墳時代の社会の様相が浮かび上がってくるとすれば，本特集の意義はさらに高まってこよう。　　　（宮島）

本号の編集協力者──水野正好（奈良大学教授）
1934 年大阪府生まれ，大阪教育大学卒業。『土偶　埴輪』（日本原始美術大系 3）（共編）『土偶』（日本の原始美術 5）「弥生社会の政治構造」（弥生文化の研究 9）などの編著・論文がある。

■ 本号の表紙 ■
綿貫観音山古墳出土の人物埴輪群

　群馬県高崎市綿貫観音山古墳の横穴式石室開口部の前庭部に配置された人物埴輪群像。当古墳の副葬品中にもみられる鈴付の大帯を締め，盛装して胡坐した男性首長が手を合わせている。高松塚古墳壁画中にも登場するような縦縞の裳をはいた首長の妻であり，かつ巫女と思しき女性がそれに向き合って饗応するかのような仕種をしている。側傍には 1 つの台上に 3 人の祭人の童女の乗った埴輪が置かれ，先の女性の背後には皮袋状のものを捧げ持った内膳の女性が控えている。首長権の継承式を表わしたものとも，供養の場面を表現したものとも言われている。国重要文化財指定。文化庁蔵。群馬県立歴史博物館保管。写真は同館提供。6 世紀後葉。　（橋本博文）

▶本誌直接購読のご案内◀

『季刊考古学』は一般書店の店頭で販売しております。なるべくお近くの書店で予約購読なさることをおすすめしますが，とくに手に入りにくいときには当社へ直接お申し込み下さい。その場合，1 年分 6,000 円（4 冊，送料は当社負担）を郵便振替（東京 3-1685）または現金書留にて，住所，氏名および『季刊考古学』第何号より第何号までと明記の上当社営業部までご送金下さい。

季刊 考古学　第20号　　　　1987年8月1日発行
ARCHAEOLOGY　QUARTERLY　　　定価 1,500 円

編集人　芳賀章内
発行人　長坂一雄
印刷所　新日本印刷株式会社
発行所　雄山閣出版株式会社
　　〒102　東京都千代田区富士見 2-6-9
　　電話　03-262-3231　振替　東京 3-1685
◆本誌記事の無断転載は固くおことわりします。
ISBN 4-639-00666-7　printed in Japan

季刊 考古学 オンデマンド版　第 20 号　1987 年 7 月 1 日　初版発行
ARCHAEOROGY　QUARTERLY　2018 年 6 月 10 日　オンデマンド版発行

定価（本体 2,400 円＋税）

編集人　　芳賀章内

発行人　　宮田哲男

印刷所　　石川特殊特急製本株式会社

発行所　　株式会社　雄山閣　http://www.yuzankaku.co.jp

〒 102-0071　東京都千代田区富士見 2-6-9

電話 03-3262-3231　FAX 03-3262-6938　振替　00130-5-1685

◆本誌記事の無断転載は固くおことわりします　ISBN 978-4-639-13020-8　Printed in Japan

初期バックナンバー、待望の復刻 !!

季刊 考古学 OD　創刊号～第 50 号〈第一期〉

全 50 冊セット定価（本体 120,000 円＋税）　セット ISBN：978-4-639-10532-9

各巻分売可　各巻定価（本体 2,400 円＋税）

号　数	刊行年	特集名	編　者	ISBN（978-4-639-）
創刊号	1982 年 10 月	縄文人は何を食べたか	渡辺 誠	13001-7
第 2 号	1983 年 1 月	神々と仏を考古学する	坂詰 秀一	13002-4
第 3 号	1983 年 4 月	古墳の謎を解剖する	大塚 初重	13003-1
第 4 号	1983 年 7 月	日本旧石器人の生活と技術	加藤 晋平	13004-8
第 5 号	1983 年 10 月	装身の考古学	町田 章・春成秀爾	13005-5
第 6 号	1984 年 1 月	邪馬台国を考古学する	西谷 正	13006-2
第 7 号	1984 年 4 月	縄文人のムラとくらし	林 謙作	13007-9
第 8 号	1984 年 7 月	古代日本の鉄を科学する	佐々木 稔	13008-6
第 9 号	1984 年 10 月	墳墓の形態とその思想	坂詰 秀一	13009-3
第 10 号	1985 年 1 月	古墳の編年を総括する	石野 博信	13010-9
第 11 号	1985 年 4 月	動物の骨が語る世界	金子 浩昌	13011-6
第 12 号	1985 年 7 月	縄文時代のものと文化の交流	戸沢 充則	13012-3
第 13 号	1985 年 10 月	江戸時代を掘る	加藤 晋平・古泉 弘	13013-0
第 14 号	1986 年 1 月	弥生人は何を食べたか	甲元 真之	13014-7
第 15 号	1986 年 4 月	日本海をめぐる環境と考古学	安田 喜憲	13015-4
第 16 号	1986 年 7 月	古墳時代の社会と変革	岩崎 卓也	13016-1
第 17 号	1986 年 10 月	縄文土器の編年	小林 達雄	13017-8
第 18 号	1987 年 1 月	考古学と出土文字	坂詰 秀一	13018-5
第 19 号	1987 年 4 月	弥生土器は語る	工楽 善通	13019-2
第 20 号	1987 年 7 月	埴輪をめぐる古墳社会	水野 正好	13020-8
第 21 号	1987 年 10 月	縄文文化の地域性	林 謙作	13021-5
第 22 号	1988 年 1 月	古代の都城―飛鳥から平安京まで	町田 章	13022-2
第 23 号	1988 年 4 月	縄文と弥生を比較する	乙益 重隆	13023-9
第 24 号	1988 年 7 月	土器からよむ古墳社会	中村 浩・望月幹夫	13024-6
第 25 号	1988 年 10 月	縄文・弥生の漁撈文化	渡辺 誠	13025-3
第 26 号	1989 年 1 月	戦国考古学のイメージ	坂詰 秀一	13026-0
第 27 号	1989 年 4 月	青銅器と弥生社会	西谷 正	13027-7
第 28 号	1989 年 7 月	古墳には何が副葬されたか	泉森 皎	13028-4
第 29 号	1989 年 10 月	旧石器時代の東アジアと日本	加藤 晋平	13029-1
第 30 号	1990 年 1 月	縄文土偶の世界	小林 達雄	13030-7
第 31 号	1990 年 4 月	環濠集落とクニのおこり	原口 正三	13031-4
第 32 号	1990 年 7 月	古代の住居―縄文から古墳へ	宮本 長二郎・工楽 善通	13032-1
第 33 号	1990 年 10 月	古墳時代の日本と中国・朝鮮	岩崎 卓也・中山 清隆	13033-8
第 34 号	1991 年 1 月	古代仏教の考古学	坂詰 秀一・森 郁夫	13034-5
第 35 号	1991 年 4 月	石器と人類の歴史	戸沢 充則	13035-2
第 36 号	1991 年 7 月	古代の豪族居館	小笠原 好彦・阿部 義平	13036-9
第 37 号	1991 年 10 月	稲作農耕と弥生文化	工楽 善通	13037-6
第 38 号	1992 年 1 月	アジアのなかの縄文文化	西谷 正・木村 幾多郎	13038-3
第 39 号	1992 年 4 月	中世を考古学する	坂詰 秀一	13039-0
第 40 号	1992 年 7 月	古墳の形の謎を解く	石野 博信	13040-6
第 41 号	1992 年 10 月	貝塚が語る縄文文化	岡村 道雄	13041-3
第 42 号	1993 年 1 月	須恵器の編年とその時代	中村 浩	13042-0
第 43 号	1993 年 4 月	鏡の語る古代史	高倉 洋彰・車崎 正彦	13043-7
第 44 号	1993 年 7 月	縄文時代の家と集落	小林 達雄	13044-4
第 45 号	1993 年 10 月	横穴式石室の世界	河上 邦彦	13045-1
第 46 号	1994 年 1 月	古代の道と考古学	木下 良・坂詰 秀一	13046-8
第 47 号	1994 年 4 月	先史時代の木工文化	工楽 善通・黒崎 直	13047-5
第 48 号	1994 年 7 月	縄文社会と土器	小林 達雄	13048-2
第 49 号	1994 年 10 月	平安京跡発掘	江谷 寛・坂詰 秀一	13049-9
第 50 号	1995 年 1 月	縄文時代の新展開	渡辺 誠	13050-5

※「季刊 考古学 OD」は初版を底本とし、広告頁のみを除いてその他は原本そのままに復刻しております。初版との内容の差違は
　ございません。

「季刊考古学　OD」は全国の一般書店にて販売しております。なるべくお近くの書店でご注文なさることをおすすめしますが、とくに手に入り
にくいときには当社へ直接お申込みください。